Pick up! 大学進学も堅調！

◎卒業生は外部大学と共立女子大・短大へほぼ半数ずつ進学。（共立大を軸とした安心の進学制度を確立）
◎今年もお茶の水大、横浜国立大、早稲田大、上智大などの難関校をはじめ、外部大学合格実績も堅調！

Pick up! 適性検査型入試が２月１日午前実施に！

◎今まで２月１日の午後実施していた適性検査型入試が、同日午前実施に変更。
より受検しやすくなります！
（適性検査型入試にも給付奨学金制度を導入）

中学校説明会・入試説明会・体験イベント

11月11日（土）11：00～（入試問題研究会）
12月2日（土）14：00～（入試説明会）・12月16日（土）14：00～（適性検査型入試対象）
12月17日（日）9：30～（中学入試体験・入試説明会）・1月13日（土）11：00～（入試説明会）

アクセス	JR 中央線・横浜線・八高線「八王子駅」からスクールバス約 20 分　JR 中央線・京王線「高尾駅」からスクールバス約 10 分 ※スクールバスは無料で運行しています。在校時の定期代も不要です。 ※平成 28 年度より新たに学園と八王子市みなみ野地区を結ぶ「みなみ野・七国循環ルート」の運行を開始しました。

共立女子第二中学校

〒193-8666　東京都八王子市元八王子町 1-710　TEL.042-661-9952　共立女子第二　検索

好奇心こそ、学びのエンジン。
知を追求するための環境がここに。

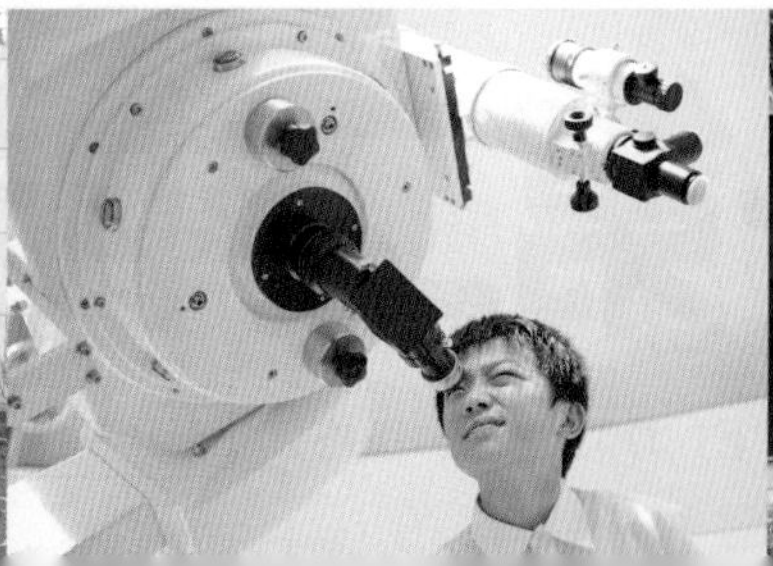

早稲田アカデミー 中学受験を決めたその日から

サクセス12

今月号の表紙

CONTENTS

進化は止まらない！

日本の高速移動を支える新幹線

2020年に「東京2020オリンピック・パラリンピック」が開催されることは、いまや誰もが知っていることでしょう。
では、今から53年前の1964年にも「東京オリンピック」が開催されたことを知っていますか？
そして、「東京オリンピック1964」と『東海道新幹線』との間にとても深い関係があることを知っていますか？
今回は、知っているようで知らない『東海道新幹線』の歴史をひも解きながら、
どのようにしてその“スピード”と“安全性”、“定時性”を守り続けているのか、
東海旅客鉄道株式会社（以下 JR東海）の平山勉さんにお話を伺いました。

写真・イラスト提供：JR東海

「東京オリンピック1964」を機に開業した『東海道新幹線』

アジアで初めて開催される「東京オリンピック」の開幕まであと9日と迫った1964年10月1日、東京〜新大阪間を4時間で結ぶ『東海道新幹線』が誕生しました。

それまでは特急で6時間半もかかっていたため、『東海道新幹線』は〝夢の超特急〟と呼ばれました。

『東海道新幹線』の安全・安心を支える【ドクターイエロー】

【700系】と同じ形をした黄色い新幹線を見たことはありますか？これは【ドクターイエロー】と呼ばれる電気軌道総合試験車で、現在、ＪＲ東海が１編成、ＪＲ西日本が１編成所有し、約10日に１度、実際の営業線路を走行しています。

【ドクターイエロー】の仕事は、最新の機器を使い、電気設備や軌道設備などの確認をすることです。また、車両の床下の装置からレールにレーザー光を照射し、レールの歪みや、レールとレールの間隔や高低差などをミリ単位で測定。そして、それらの検査結果をもとに必要に応じて保守作業が行われます。もちろん保守作業は、営業運転が終わった夜間に行われます。

常に進化し続ける新幹線車両

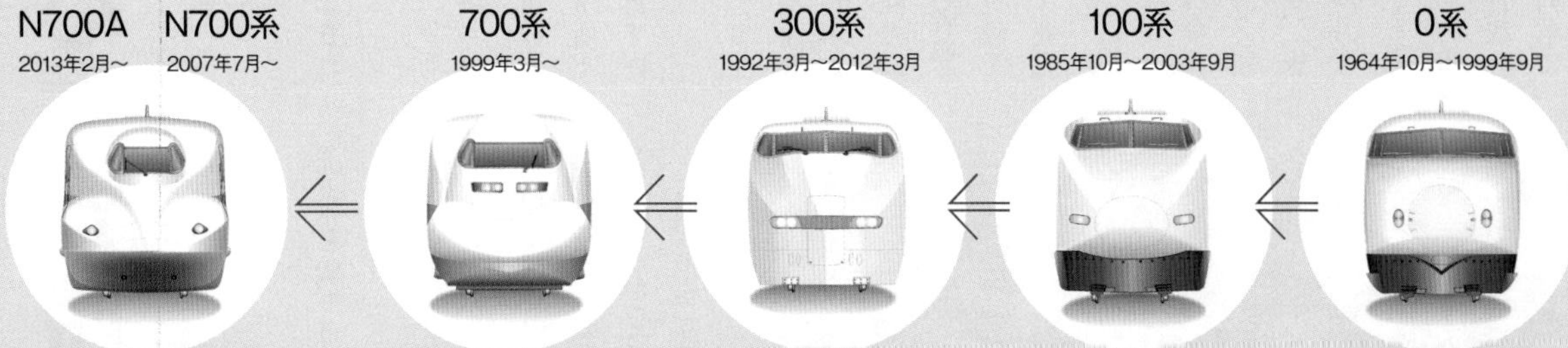

1964年の『東海道新幹線』開業時の車両。時速210キロメートルで東京〜新大阪間を4時間で走行。

【0系】をベースに2階建てグリーン車や個室を導入するなど、“居心地の良さ”がアップ

メンテナンスが容易なモーターの導入や車両の大幅な軽量化など、さまざまな技術を投入することで最高時速270キロメートルを実現。その結果、300系［のぞみ］号は東京〜新大阪間の所要時間が2時間30分と大きく短縮された。

JR東海とJR西日本が共同開発した車両。時速270キロメートルを越える高速での運行はもちろんのこと、快適性や環境への適合性なども高レベルで実現。

【N700系】は【700系】をベースに高速性、快適性、環境性、省エネルギー性などを大きくグレードアップさせた車両。そして、【N700系】に“早く止まる技術”を搭載したのが【N700A】。さらに、2015年3月からは【N700A】および【N700系（改造）】の最高速度を285キロメートルとし、東京〜新大阪間の所要時間が2時間22分に短縮。

『東海道新幹線』の安定性と定時性を支える技術と緻密《ちみつ》さ

1964年の開業以来、日本経済の成長を支えてきた『東海道新幹線』。その進化は【0系】から【N700A】までの車両の変化だけに留まらず、さまざまな技術と緻密な運行ダイヤに支えられてきました。

もともと『東海道新幹線』では、高速でカーブを通過するためにカーブで線路を傾けていました。ただ、傾ける角度には限界があり、スピードを落とさなければなりませんでした。しかし、カーブを走行するときだけ車両を1度内側に傾ける「車体傾斜装置」を開発したことにより、【N700系】【N700A】は減速することなく、快適な乗り心地が維持されているのです。

また、新幹線が「分単位」ではなく「15秒単位」で運行するのも、安定性と定時性には欠かせない要素のひとつです。たとえば、4分後に発車するのと3分15秒後に発車するのではわずか45秒しか変わりません。しかし、その数十秒を無駄にしないことが、1本でも多く運行し、少しでも早く目的地にたどり着くことを可能にしているのです。

車両の開発、さまざまな技術開発、そして緻密な運行ダイヤ。それらが積み重なった結果、『東海道新幹線』の運転本数は、開業時の毎時片道で2本・1日60本から、1時間に片道で最大15本・1日あたりの運転本数は365本（2016年度）となりました。また、東京〜新大阪間の所要時間も開業時の4時間から2時間22分にまで短縮することができたのです。

「東京2020オリンピック」には新型車両で東京へ

JR東海では、2020年度の営業運転に向け、新型車両【N700S】の開発を行っています。この【N700S】の特徴は、現在活躍中の【N700A】に新たな技術を加えることにより、一層の安全性・安定性・省エネルギー化を図ったことです。また、車両編成も16両だけでなく12両や8両にも変更が可能となり、モバイル用コンセントを普通車の全座席に設置するなど、快適さもグレードアップする予定です。

現在は【N700S】の16両編成の試験車を製造中で2018年3月完成を目指しています。そして、2020年度には量産車による営業運転がスタートする見込みです。そういえば、2020年といえば「東京2020オリンピック」の開催年！ やはり『東海道新幹線』と「東京オリンピック」の間には不思議な縁があるようです。

N700Sのイメージ図

『安全』『安心』『定時運行』――。その先にある『信頼』

――平山さんはどのような仕事をされているのですか？

『東海道新幹線』の1列車あたりの平均遅延時分は0.4分（２０１６年度）です。これを実現するために、日々、列車の運行管理を行っているのが新幹線総合指令所です。私はそこで【輸送指令長】を務めています。

新幹線総合指令所では、1勤務あたりJR東海が約40名、JR西日本が約30名、JR九州が2名の約70名の指令員が働いています。これは、東京～新大阪～博多～鹿児島中央間を結ぶ『東海道・山陽・九州新幹線』を、東京～新大阪間はJR東海、新大阪～博多間はJR西日本、そして、博多～鹿児島中央間はJR九州と3社で運営しているからです。

そして、JR東海、JR西日本の指令員は、「輸送指令（列車担当）」「輸送指令（旅客担当）」「運用指令」の運輸系指令と、「施設指令」「電力指令」「信号通信指令」の3系統、合わせて6系統に分かれています。

具体的には、「輸送指令（列車担当）」の担当者は、列車の進路や位置などの運行状況をリアルタイムでチェックし、駅や列車に対して適切な指示を出します。「輸送指令（旅客担当）」は旅客輸送に関するあらゆる情報を駅や車掌に提供。「運用指令」は乗務員に対して行路変更や乗り継ぎ変更などの指示を行うほか、車両が故障したときなどの対応も行います。そして、線路の状況把握や保守の統制を行うのが「施設指令」、列車運転に必要な電力がスムーズに供給されているかを監視するのが「電力指令」、「信号通信指令」は新幹線運転管理システム（信号やポイントの自動制御や列車ダイヤ予測による運転整理のサポートなどを行うシステム）やATC（自動列車制御装置）、列車無線などのあらゆる信号通信設備が正常に稼働しているかを監視します。また、JR九州とも情報共有を行います。

新幹線総合指令所

このように3社が同じフロアで情報を交換し合いながら統括管理することにより、すべての列車がスムーズに東京～鹿児島中央間を走行することができるのです。

――具体的な仕事の様子について教えてください

新幹線総合指令所には長さ10メートル以上もある総合表示盤が設置されています。この総合表示盤には東京から博多までの路線図が表示されていて、走行中の列車の位置、送電状態、橋梁《きょうりょう》などの風の強さ、線路沿いに設置した雨量計の測定値などが一覧できるようになっています。そして、もしも徐行または停止させなければならない事態が発生した場合は、すぐに総合表示盤に異常を知らせるランプが点灯し、同時に担当指令員に連絡が入ります。場合によっては、ただちに6系統の代表者が集まって情報を共有し、対応策について協議します。その後、一刻も早い運転再開を目指し、関係者が連携を図りながら事態の解決にあたります。その際、リーダーとして全体に指示を出すのが【輸送指令長】である私の役目です。

このように新幹線総合指令所の役割を説明すると、列車が走行しない夜間は閉鎖されているように思われるかもしれません。しかし実際には、線路やそのほかの設備の点検や保守作業は営業時間外の夜中に行うため、「施設指令」「電力指令」「信号通信指令」の3系統は日勤と夜勤の2交代制、24時間３６５日体制で対応しています。また、その作業の進み具合が、早朝の列車の運行に影響することから、「輸送指令（列車担当）」「輸送指令（旅客担当）」「運用指令」の運輸系指令は、朝の9時から翌日の9時まで、休憩を取りながら24時間勤務で対応します。つまり、夜間も監視が行われているのです。

――【輸送指令長】として心掛けておられることを教えてください

突発的な大災害時は別ですが、普段は〝安全最優先〟を念頭に置きながらも〝お客さまにとって〟を大切にしています。たとえば雨量が基準値を越えそうであれば、列車を駅間に止めないために、駅に停車している列

車は待機させるなど、少しでもお客さまにご迷惑をおかけしないよう心掛けています。

そして、指令員として23年間心掛けてきたことが〝簡単明瞭〟と〝確認会話〟です。どんなに迅速に指示を出しても、それがきちんと相手に伝わっていなければ事故につながる恐れがあります。早急な対応が求められているときほど「緊急停止！」など聞いた人が瞬時に行動に移せるように〝簡単明瞭〟に指示を出す、そして、その指示が実行されたかどうかを〝確認〟する、この二つに関しては、新幹線総合指令所で働く職員全員に周知徹底を図っています。

――これから取り組んでいきたいことをお聞かせください

現在、指令員の仕事の大半はコンピューターによって自動的に行われています。また、車両も走行中の機器の状態を監視するようになったため、以前のように突然故障して止まってしまうようなことはほとんどありません。

技術の進歩にともなって、指令員はより迅速に問題を解決できるようになったのは言うまでもありません。しかし、その反面、若手指令員がさまざまな経験をする場が減ってきたのも事実です。だからこそ、自分が対応した事例について、後日、別の手段があったかどうかを振り返る、『東海道新幹線』内で発生した事例については報告書を読む、他社事例についても積極的に情報取集するなど、自分自身で知識を積み重ねる、つまり〝手持ちのカード〟を増やす努力は欠かせません。このことを若手指令員が自主的に行えるように指導しつつ、私が23年間で培ったノウハウを伝える、これが今後の私の役目だと思っています。

なお、実践経験を積むための教育としては、新幹線総合指令所の全指令員を対象に、年に4回、大阪にある新幹線第2総合指令所において、さまざまな災害を想定した訓練を行っています。この新幹線第2総合指令所は、大規模災害などで東京にある新幹線総合指令所の機能が損なわれた際、直ちにすべてのシステムを切り替え、列車の正常な運行を確保するための施設です。いつでも対応できるよう、各装置類は常に電源が入った状態になっています。

――『東海道新幹線』のスピードと安全性、定時性を支えるのは、新幹線総合指令所以外、ほかにどのような部署があるのですか？

ＪＲ東海には、私たち指令員や運転士などの鉄道輸送に関わるさまざまな業務を行う［運輸系統］、車両のメンテナンスや開発に携わる［車両・機械系統］、線路の保守および建設工事を行う［施設系統］、電力や信号通信など、鉄道の高い安全性と正確で高密度な運行に欠かせない設備を担当する［電気・システム系統］と、大きく分けて４系統の専門分野があります。

たとえば、富士川橋梁に設置した河川増水時に橋脚周囲の地盤状況を自動的に計測する「自動衝撃振動装置」は、富士川の増水で列車の運転を見合わせたのを機に、少しでも早く〝安全最優先〟のもとに運転が再開できればと、［施設系統］の技術開発チームが開発しました。また、新幹線総合指令所にはなくてはならない運行管理システムは［電気・システム系統］の技術の賜物で、現在、【N700A】が時速285キロメートル（東京～新大阪間）で安全走行できるのは、［車両・機械系統］の技術開発チームが〝速く走るための技術〟だけでなく、〝安全に1秒でも早く停車するための技術〟も追求した結果です。

これからも［車両・機械系統］［施設系統］［電気・システム系統］、そして、私たち［運輸系統］が力を合わせ、〝安全最優先〟のもと、安定性、正確性、快適性、利便性を兼ね備えた輸送サービスをお客さまに提供していきたいと思っています。

平山 勉さん

東海旅客鉄道株式会社　新幹線鉄道事業本部　運輸営業部 輸送課 輸送指令長

1977年4月、JRの前身である国鉄に入社。約10年間、大阪の鳥飼車両基地にて車両修繕に従事する。その後、社内試験に合格し車掌に、そして国家試験の合格を経て、念願だった新幹線運転士を務める。そして、1994年からは新幹線総合指令所に配属となり、以後、23年間、輸送指令を担当。現在は輸送指令長として業務にあたる。

平山さんにとって
「新幹線」とは

世界に誇れる宝物
平山 勉

WASEDA

大学解体新書。

　中学受験における人気校に、早稲田大学、慶應義塾大学の附属校があります。これらの学校の人気が高い理由として、入学すると、高校受験や大学受験をする必要がなく、一貫した教育方針のもとで伸びのびと６年間を過ごすことができる、それぞれが国内トップクラスの大学である、といったことがあげられます。

　では、この２つの私立大学のよさはどんなところにあるのでしょうか。小学生のみなさんにとっては、「大学」について考えるなんて、まだまだ雲をつかむような話かもしれませんが、早稲田、慶應義塾にかかわらず、大学の附属校を受験するのであれば、その大学のことを少しでも知っておくのは大切なことといえます。この特集では、「早・慶」の２大私立大学をいろいろな点から紹介しています。ぜひ目をとおしてみてください。

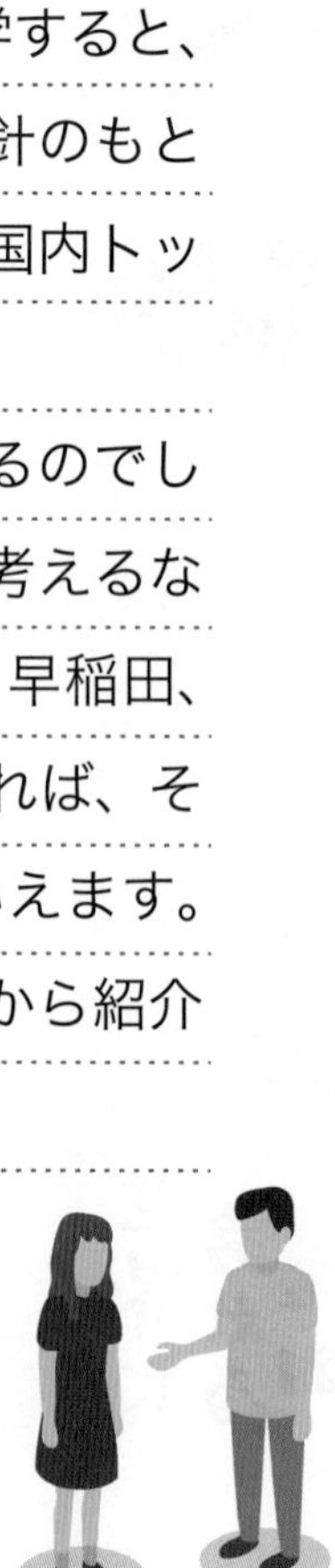

興味の輪を広げよう！

「早・慶」2大私立

慶應

創立者
福澤《ふくざわ》 諭吉《ゆきち》

慶應義塾大の創立は1858年（安政5年）です。1万円札に描かれていることでも有名な福澤諭吉が開いた蘭学塾が起源となりました。2008年（平成20年）には創立150周年を迎え、記念式典も行われました。彼の提唱した「独立自尊」（自分や他者の尊厳を守り、全てにおいて自らの判断と責任のもとで行動すること）の精神は、慶應義塾大のみならず、附属校にも継承されています。

日本で最も古い起源を持つ大学であり、近代日本の教育・大学制度への貢献は非常に大きいと言えます。

【福沢諭吉】（1834～1901）幕末から明治にかけての啓蒙思想家・教育家。著作に『学問のすゝめ』など。

早稲田

創立者
大隈《おおくま》 重信《しげのぶ》

早稲田大は1882年（明治15年）に創立されました。内閣総理大臣を務めた明治の政治家・大隈重信が開設した東京専門学校が前身です。建学の理念は「学問の独立」「学問の活用」「模範国民の造就」で、権力や時代の情勢に左右されない熱い「ワセダ魂」として、建学から135年が経った現在も受け継がれています。これがエネルギッシュな早稲田大の校風につながっているのでしょう。

2032年の創立150周年に向けた学校改革プロジェクト「Waseda Vision 150」も進行中で、ますます目が離せません。

【大隈重信】（1838～1922）政治家。1882年に立憲改進党を結成。第8代、第17代内閣総理大臣。

キャンパス

慶應

日吉（総合政策学部、環境情報学部、看護医療学部以外の１・２年生※）、三田（文学部、経済学部、法学部、商学部）、矢上（理工学部）、信濃町（医学部、看護医療学部）、芝共立（薬学部）、湘南藤沢（総合政策学部、環境情報学部、看護医療学部）

※文学部、医学部、薬学部は１年生のみ

早稲田

早稲田（政治経済学部、法学部、教育学部、商学部、社会科学部、国際教養学部）、**戸山**（文化構想学部、文学部）、**西早稲田**（基幹理工学部、創造理工学部、先進理工学部）、**所沢**（人間科学部、スポーツ科学部）

学部・学科

大学には、「学部」を選んで入学することになります。学部ごとに専門があり、
学部によってはさらにそのなかで細かく「学科」に分かれています。

名前が共通している学部

●文学部
国内・国外の文学や歴史、文化、哲学、さらに心理学なども学べます。
早：文学科
慶：人文社会学科

●法学部
法律に関する学問である「法学」を学ぶ学部です。大学によっては政治について学ぶ「政治学科」を設置していることもあります。
早：学科なし
慶：法律学科、政治学科

●商学部
商学部は「商学」（モノやお金などの流れの仕組み、会社の会計などについて研究する学問）を学ぶ学部です。大学によっては経営などについても学びます。
早：学科なし
慶：商学科

名前が共通していない学部

●経済学部
人間に必要なモノの消費、生産などについて学ぶ「経済学」を専門とする学部です。
慶：経済学科

●政治経済学部
政治学と経済学について学ぶ学部です。
早：政治学科、経済学科、国際政治経済学科

●医学部
医者や医学を研究する人材を育てる学部です。
慶：医学科

●理工学部
物理学、数学などを中心とした「自然科学」と呼ばれる分野の基礎研究である「理学」と、その自然科学を基礎に、公共の安全や健康、福祉の役に立つモノをつくったり、環境を整えることを目的とした「工学」について学ぶ学部です。
慶：機械工学科、電子工学科、応用化学科、物理情報工学科、管理工学科、数理科学科、物理学科、化学科、システムデザイン工学科、情報工学科、生命情報学科

●基幹理工学部
数理科学や基礎工学に重点を置きながら、未来の社会の基幹になる科学技術を担う技術者・研究者を育てる学部です。
早：数学科、応用数理学科、情報理工学科、情報通信学科、機械科学・航空学科、電子物理システム学科、表現工学科

●創造理工学部
社会に存在する様々な問題を解決できる新しい科学技術を創造するための研究を行っている学部です。
早：建築学科、総合機械工学科、経営システム工学科、社会環境工学科、環境資源工学科

●先進理工学部
物理、化学、生命、電気、情報などの多様な学問領域で先端的な教育研究を行っている学部です。
早：物理学科、応用物理学科、化学・生命化学科、応用化学科、生命医科学科、電気・情報生命工学科

●文化構想学部
文化について、これまでの伝統的な学問の枠組みを越え、新たな学問領域をつくり出し、学ぶ学部です。
早：文化構想学科

●教育学部
優秀な教育者を輩出し、また、様々な分野で社会に貢献できる人材を育てる学部です。
早：教育学科、国語国文学科、英語英文学科、社会科、理学科、数学科、複合文化学科

●社会科学部
「社会科学」から「人文学」、「自然科学」まで幅広く学び、社会の問題発見や対応に役立てることができる人材を育成する学部です。
早：社会科学科

●人間科学部
現代社会が抱えるいろいろな問題に対して、多様な学問領域を横断しながら解決するための能力を身につけるための学部です。
早：人間環境科学科、健康福祉科学科、人間情報科学科

●スポーツ科学部
スポーツに関する幅広い教養を身につけ、競技スポーツ、生涯スポーツ、スポーツ関連ビジネスなどに貢献できる人材を養成する学部です。
早：スポーツ科学科

●国際教養学部
世界が直面する問題に対して、高い語学力と広い視野や知識を身につけて対応できる、世界の舞台で行動できる地球市民を育てるための学部です。
早：国際教養学科

●総合政策学部
既存の分野にとらわれず、社会の様々な問題の解決法を、政治、法律、経済、文化、テクノロジーなどの領域を取り込みながら模索する学部です。
慶：総合政策学科

●環境情報学部
先端科学と、総合政策学部と一体となった社会科学からのアプローチから、生命、心身の健康、環境とエネルギーなどの新しい課題を解決する学部です。
慶：環境情報学科

●看護医療学部
看護に関する専門性を持ち、保健、医療、福祉の領域を越えて活躍できる人材育成を目指す学部です。
慶：看護学科

●薬学部
薬について研究する「薬学」に関する教育、研究を行い、優れた薬剤師、薬学研究者を育てる学部です。
慶：薬学科、薬科学科

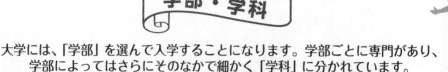

入試制度

大学の入試制度は、中学入試や高校入試以上に、大学ごとに違いがあります。
加えてこの2、3年で入試改革に乗り出している大学も多く、
みなさんが受験する頃にはさらに変化しているはずです。

慶應

どの学部の入試も早稲田大同様に原則３科目で実施されますが、一部例外もあります（下表）。特徴としてあげられるのは、商学部のA方式と、理工学部、薬学部以外の全ての試験で、国語ではなく、小論文や論述力、論文テストという、他大学の一般入試ではあまり見られない科目が実施されることです。また、医学部と看護医療学部の２学部の入試には２次試験があり、そこで面接が行われます。

そのほかの入試としては、「自主応募制入試」、「指定校推薦入試」、「ＡＯ入試」、「帰国生入試」、「留学生入試」、「ＩＢ（国際バカロレア資格）入試」など学部ごとに異なる入試制度があります。

ＡＯ入試とは、「アドミッションズ・オフィス入試」を略したもので、受験者の人物像がその大学の求める学生像と合っているかで合否を決める方式です。

入試科目（2018年一般入試）

学部	入試科目	
文学部		外国語・地理歴史・小論文
経済学部	《A 方式》	外国語・数学・小論文
	《B 方式》	外国語・地理歴史・小論文
法学部		外国語・地理歴史・論述力
商学部	《A 方式》	外国語・地理歴史・数学
	《B 方式》	外国語・地理歴史・論文テスト
理工学部		理科・数学・外国語
医学部	【第１次試験】	理科・数学・外国語
	【第２次試験】	小論文・面接
総合政策学部		数学または情報・小論文、あるいは外国語・小論文、あるいは数学および外国語・小論文
環境情報学部		数学または情報・小論文、あるいは外国語・小論文、あるいは数学および外国語・小論文
看護医療学部	【第１次試験】	外国語・数学・小論文、あるいは外国語・化学・小論文、あるいは外国語・生物・小論文
	【第２次試験】	面接
薬学部		理科・外国語・数学

早稲田

一般入試が最もポピュラーで、原則３教科の筆記試験で合否が判定されます。その３教科は学部によって異なります（下表）。また、2017年度（平成29年度）から、文学部と文化構想学部で「英語４技能テスト利用型」が取り入れられています。これは外国語の筆記試験の代わりに、TEAP、IELTS、英検などの外部検定で、事前に定められた基準点・級に達していれば、国語と地歴の２教科の結果のみで合否が決まるというものです。2018年度（平成30年度）からは、国際教養学部でもこれを利用した形に変更されます。

一般入試のほかには、１月に全国で一斉に行われる「大学入試センター試験」の結果を提出し、その点数が基準をクリアしていれば合格できる「センター試験利用入試」や、「自己推薦入試」、「指定校推薦入試」、「ＡＯ方式等による入試」という入試形式があります（学部によって違いあり）。

入試科目（2018年一般入試）

学部	入試科目	
文学部	《一般入試》	外国語・国語・地歴
	《英語４技能テスト利用型》	国語・地歴・英語４技能テスト
政治経済学部		外国語・国語・地歴または数学
法学部		外国語・国語・地歴公民または数学
商学部		外国語・国語・地歴公民または数学
基幹理工学部		外国語・数学・理科
創造理工学部		外国語・数学・理科 ※建築学科のみ「空間表現」試験実施
先進理工学部		外国語・数学・理科
文化構想学部	《一般入試》	外国語・国語・地歴
	《英語４技能テスト利用型》	国語・地歴・英語４技能テスト
教育学部	《文科系（A方式）》	外国語・国語・地歴または公民
	《理科系（B方式）》	外国語・数学・理科
社会科学部		外国語・国語・地歴公民または数学
人間科学部	《文系（A方式）》	外国語・国語・地歴公民または数学
	《理系（B方式）》	外国語・数学・理科
スポーツ科学部		外国語・国語または数学・小論文
国際教養学部		外国語・国語・地歴または数学・英語4技能テスト

学生数

慶應

2万8683名（2017年）※

慶應義塾大の2017年の学部学生数は２万8683名。そのうち男子学生は１万8228名、女子学生は１万455名。大学院生なども合わせると３万3530名です。学部生数を早稲田大と比べると、慶應義塾大の方が１万3000名ほど、全体でも１万6000人ほど少ないことがわかります。

※2017年５月１日現在（通信教育課程を除く）

早稲田

4万1333名（2017年）※

2017年の早稲田大の学部学生数は４万1333名で、そのうち男子学生は２万5813名、女子学生は１万5520名です。大学院生なども合わせると、４万9589名となります。現在、早稲田大では教育の質を上げるため、2032年度までにこの学部学生数を３万5000名へ減らすことを目標としています。

※2017年５月１日現在（通信教育課程を除く）

学園祭

学園祭は、中学校や高校で言うところの「文化祭」です。
一般的に中・高の文化祭よりも規模が大きく、バリエーション豊かな出し物が楽しめます。

慶應

慶應義塾大もキャンパスごとに学園祭が開かれており、最大のものが「三田祭」（三田キャンパス）です。毎年11月に行われ、来場者数は４日間で約20万人です。音楽系、参加型イベント、模擬店など、多彩な企画が約420も。

三田祭以外にも、湘南藤沢キャンパスでは、７月に夏祭りの要素が強い「七夕祭」と、例年10月～11月ごろに「秋祭」の２種類が開催されます。理工学部主体の「矢上祭」（矢上キャンパス）や、医学部・看護医療学部主体の「四谷祭」（信濃町キャンパス）、薬学部主体の「芝共薬祭」（芝共立キャンパス）もあります。

早稲田

早稲田大の学園祭はキャンパスごとに行われます。そのなかで最も有名なのが、毎年11月下旬に早稲田キャンパスと戸山キャンパスで開催される「早稲田祭」です。2016年の来場者数は２日間で約18万人と、１日あたりの来場者数では慶應義塾大を上回ります。企画数はなんと約450 ！

また、西早稲田キャンパスでは「理工展」、所沢キャンパスでは「所沢キャンパス祭」が開かれています。「理工展」は研究室見学、実験教室などのアカデミックな企画が充実しています。10月下旬の「所沢キャンパス祭」は、仮装やハロウィンモチーフの装飾が見所の一風変わった学園祭です。

著名な卒業生

両校とも、日本を代表する私立大学だけあって、卒業生が様々な分野で活躍しています。

慶應

●内閣総理大臣
小泉 純一郎（第87、88、89代）
橋本 龍太郎（第82、83代）

●芥川龍之介賞受賞者
朝吹 真理子『きことわ』
玄侑 宗久『中陰の花』
室井 光広『おどるでく』
荻野 アンナ『背負い水』
田久保 英夫『深い河』
遠藤 周作『白い人』

●直木三十五賞受賞者
池井戸 潤『下町ロケット』
朱川 湊人『花まんま』
金城 一紀『GO』
車谷 長吉『赤目四十八瀧心中未遂』
村松 友視『時代屋の女房』
戸板 康二『團十郎切腹事件』

●オリンピック選手
山縣 亮太（陸上）
立石 諒（競泳）
三宅 諒（フェンシング）
法華津 寛（馬術）

●その他
池上 彰（ジャーナリスト）
鈴木 光司（作家）
荒俣 宏（作家）
小林 亜星（作曲家）
阿川 佐和子（エッセイスト）
向井 千秋（宇宙飛行士）
星出 彰彦（宇宙飛行士）
など

早稲田

●内閣総理大臣
野田 佳彦（第96代）
福田 康夫（第91代）
森 喜朗（第85、86代）
小渕 恵三（第84代）
海部 俊樹（第76、77代）
竹下 登（第74代）
石橋 湛山（第55代）

●芥川龍之介賞受賞者
黒田 夏子『abさんご』
磯崎 憲一郎『終の住処』
伊藤 たかみ『八月の路上に捨てる』
綿矢 りさ『蹴りたい背中』

●直木三十五賞受賞者
恩田 陸『蜜蜂と遠雷』
朝井 リョウ『何者』
北村 薫『鷺と雪』
三浦 しをん『まほろ駅前多田便利軒』
森 絵都『風に舞いあがるビニールシート』

●オリンピック選手
星奈津美（競泳）
藤井 拓郎（競泳）
荒川 静香（フィギアスケート）
渡部 暁斗（スキーノルディック複合）

●その他
江戸川 乱歩（作家）
山田 太一（脚本家）
田原 総一朗（ジャーナリスト）
久米 宏（キャスター）
など

附属校・系属校

最後に、両大学の附属校・系属校について紹介します。附属校とは大学自身が経営する学校で、系属校とは大学が出資する団体が経営する学校です。慶應義塾大は附属校のみですが、早稲田大は附属校と系属校の両方を持っています。どちらも附属校はほぼ全員が大学へ進学できますが、系属校は学校ごとに異なります。

慶應

慶應義塾普通部　附属校・男子校

Address：神奈川県横浜市港北区日吉本町 1-45-1
TEL：045-562-1181　URL：http://www.kf.keio.ac.jp/
Access：東急東横線・東急目黒線・横浜市営地下鉄グリーンライン「日吉駅」徒歩５分

慶應義塾大の附属校のなかで最も古い歴史を持つのが普通部です。2015年（平成27年）に新しい本校舎が竣工しています。

慶應義塾中等部　附属校・共学校

Address：東京都港区三田 2-17-10
TEL：03-5427-1677　URL：http://www.kgc.keio.ac.jp/
Access：JR山手線・京浜東北線「田町駅」、都営三田線・浅草線「三田駅」、地下鉄南北線「麻布十番駅」徒歩15分

創立は1947年（昭和22年）のこと。自立した個人を育むことを大切に、生徒が将来社会で活躍できる「総合的な人間力」を養っています。

慶應義塾湘南藤沢中等部　附属校・共学校

Address：神奈川県藤沢市遠藤 5466
TEL：0466-49-3585　URL：http://www.sfc-js.keio.ac.jp/
Access：小田急江ノ島線・相鉄いずみ野線・横浜市営地下鉄ブルーライン「湘南台駅」バス、JR東海道線「辻堂駅」バス

３つの附属校で唯一、同名の高校があります。帰国生が中等部で約20%、高等部で約25%と高い割合にのぼるのも特徴です。

〈高校のみ〉

慶應義塾高等学校　附属校・男子校

Address：神奈川県横浜市港北区日吉 4-1-2
TEL：045-566-1381　URL：https://www.hs.keio.ac.jp/
Access：東急東横線・東急目黒線・横浜市営地下鉄グリーンライン「日吉駅」徒歩５分

慶應義塾志木高等学校　附属校・男子校

Address：埼玉県志木市本町 4-14-1
TEL：048-471-1361　URL：http://www.shiki.keio.ac.jp/
Access：東武東上線「志木駅」徒歩７分

慶應義塾女子高等学校　附属校・女子校

Address：東京都港区三田 2-17-23
TEL：03-5427-1674　URL：http://www.gshs.keio.ac.jp/
Access：都営三田線・浅草線「三田駅」徒歩８分、JR山手線・京浜東北線「田町駅」徒歩10分ほか

各中学の生徒は、男子は慶應義塾女子以外、女子は慶應義塾女子か慶應義塾湘南藤沢のいずれかの高校に進学します。

その他

慶應義塾ニューヨーク学院（アメリカ・共学校）

早稲田

早稲田大学高等学院　附属校・男子校

Address：東京都練馬区上石神井 3-31-1
TEL：03-5991-4151
URL：https://www.waseda.jp/school/shs/
Access：西武新宿線「上石神井駅」徒歩７分

最も古い附属校で、SSH（スーパーサイエンスハイスクール）、SGH（スーパーグローバルハイスクール）両方の指定校。中学部は2010年（平成22年）に開設されました。

早稲田実業学校　系属校・共学校

Address：東京都国分寺市本町 1-2-1
TEL：042-300-2121
URL：http://www.wasedajg.ed.jp/
Access：JR中央線・西武国分寺線・多摩湖線「国分寺駅」徒歩７分

系属校ですが、ほぼ全員が推薦入学枠を利用して早稲田大に進学しています。中学校の３校では唯一の共学校で、野球部などの活躍もめだつ文武両道に優れた学校です。

早稲田中学校　系属校・男子校

Address：東京都新宿区馬場下町 62
TEL：03-3202-7674
URL：http://www.waseda-h.ed.jp/
Access：地下鉄東西線「早稲田駅」徒歩１分、都電荒川線「早稲田駅」徒歩10分、地下鉄副都心線「西早稲田駅」徒歩15分

完全中高一貫校の男子校で、毎年約半数が推薦入学で早稲田大に進みます。一方で、東京大をはじめ、難関国公私立大にも多く進学しているのが特徴です。

〈高校のみ〉

早稲田大学本庄高等学院　附属校・共学校

Address：埼玉県本庄市栗崎 239-3
TEL：0495-21-2400
URL：https://waseda-honjo.jp/
Access：上越新幹線「本庄早稲田駅」徒歩13分、JR高崎線「本庄駅」スクールバス

高校のみの共学校で、埼玉県の高校で唯一SSH、SGH両方の指定を受けています。遠方から通う生徒のために寮も用意されています。

その他

早稲田摂陵中学校（大阪・共学校）
早稲田佐賀中学校（佐賀・共学校）
早稲田渋谷シンガポール校（シンガポール・共学校）

世の中のなぜ？を考える 社会のミカタ 03

このコーナーでは日本全国の自治体が独自に制定している「条例」を取り上げて解説します。「この条例はなぜつくられたのか？」を、一緒に考えてみましょう！ 地域の特性や歴史的な背景を探ることで社会に対する見方を学ぶことができます。

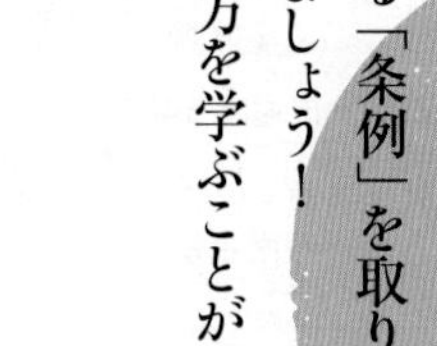

早稲田アカデミー 教務企画顧問
田中としかね

東京大学文学部卒業
東京大学大学院
人文科学研究科修士課程修了
著書に『中学入試日本の歴史』『東大脳さんすうドリル』など多数
文教委員会委員長・議会運営委員会委員長を歴任

兵庫県●香美《かみ》町

「魚《とと》条例」

兵庫県で制定されている面白い条例を紹介しますね。通称「魚《とと》条例」と言います。「魚を食べよう！」を合言葉に、魚食の普及を促進していく活動を繰り広げるというものです。「魚食」という言葉にもあまりなじみがないのではありませんか？ 魚食は「ぎょしょく」と読み、文字通り「魚を食べる」という意味ですよ。「魚食魚《ぎょしょくぎょ》」なんていう言葉もあります。アオザメのようにエサとして魚を食べる魚のことですね。

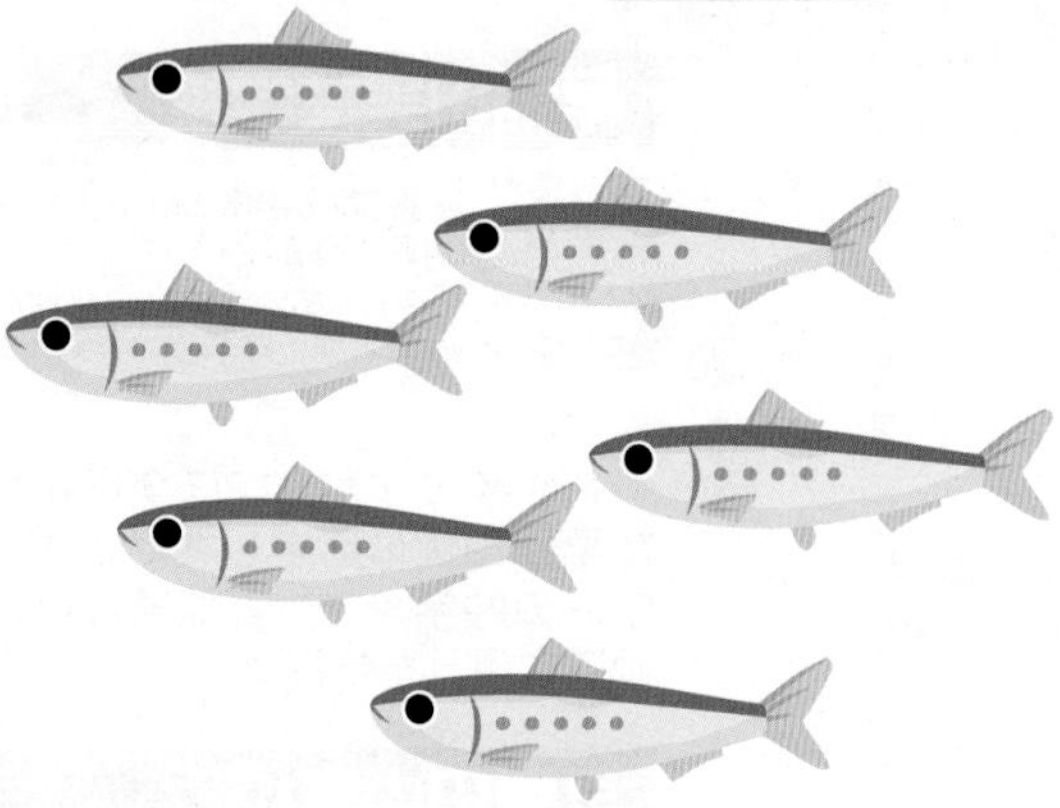

兵庫県で「魚を食べよう！」と聞けば、皆さんはどんな魚を思い浮かべるでしょうか？「タイでしょ！ タイ！ 明石のタイは有名です」「いやいや、明石といえばタコです！」潮流が速くて、プランクトンやエビ・カニなどのエサが豊富な明石海峡でとれた明石鯛《たい》と明石だこは、身が引き締まっていておいしいと評判ですよね。その明石海峡に架けられた明石海《あかしかい》峡大橋《きょうおおはし》は、兵庫県の神戸市と淡路市を結ぶ世界最長の吊り橋になります。大鳴門橋《おおなるときょう》を経由すれば、神戸市から徳島県の鳴門市まで車で進むことができますよ。本州と四国が道路で直結された意義というのは大きいものがあります。大阪や神戸を中心とした関西経済圏と四国が直結したわけですから。日常生活はもとより物流や観光の面でもさまざまな効果をもたらしました。

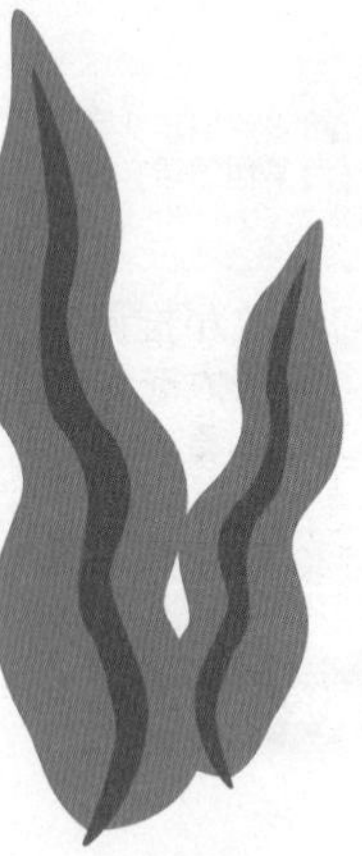

さて兵庫県は「五つの顔を持つ県」と呼ばれていることをご存知でしょうか。五つというのは旧国名区分に基づきます。摂津《せっつ》・播磨《はりま》・但馬《たじま》・丹波《たんば》・淡路《あわじ》の五つです。異なる歴史的背景とそれぞれに異なる地勢を持った五つの地域になります。旧国名は受験知識としても役に立ちますので、主だったところは覚えておきましょうね！ 四国を例に挙げますと、徳島県は阿波、高知県は土佐、愛媛県は伊予、香川県は讃岐になります。それぞれ、阿波《あわ》踊り・土佐《とさ》和紙・伊予《いよ》柑・讃岐《さぬき》うどん、と伝統的な行事や産物と旧国名は分かちがたく結びついていますか

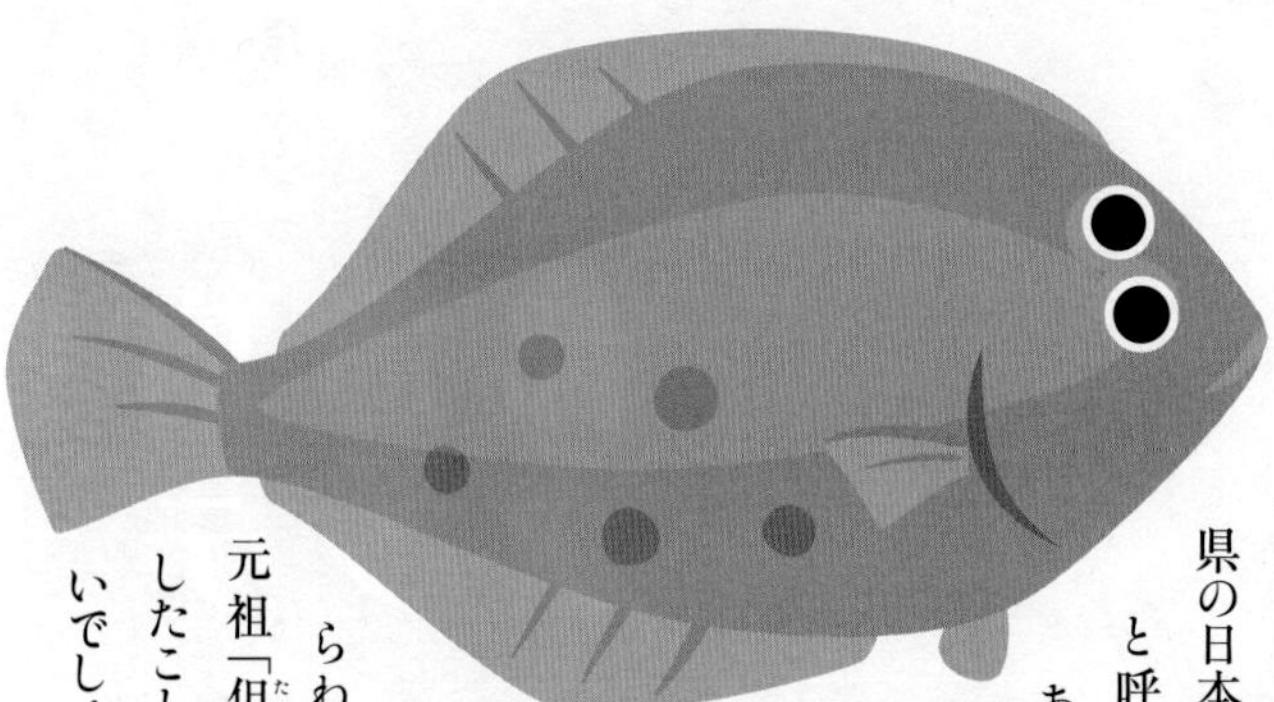

らね。特に伝統的工芸品は要チェックです。しっかりと頭に入れておきましょう！

兵庫県の話に戻します。しかも魚の話でしたね（笑）。明石海峡をふくめた瀬戸内地域の話題が続いてしまいましたが、これは旧国名で言うならば摂津・播磨・淡路の話になります。瀬戸内海国立公園が広がる地域ですね。ところで兵庫県にはもう一つ国立公園があるのです。それは中国山地をはさんだ反対側の日本海に面した地域で、山陰海岸国立公園といいます。「えっ？　兵庫県に日本海があるの！」筆者の知人が真顔で質問してきたことがあります。いい歳をしたオトナですよ。さすがに君たちは大丈夫だと思いますが、いいですか？　兵庫県の日本海側は但馬地方と呼ばれています。

あらためて「たじま」という読み方も確認しておいてください。間違えて「たんば」と読まないように。「たんば」は「丹波」ですからね。ブランド牛の元祖「但《たじ》馬《ま》牛《うし》」は、耳にしたことがあるのではないでしょうか。

この日本海に面した但馬地方のまち香美町で制定されたのが「魚《とと》条例」なのでした。ですから、瀬戸内海からイメージされるタイやタコよりも、松葉ガニやカレイといった日本海の幸をここでは思い浮かべましょう！地域の水産振興、水産物の消費拡大、地域経済の活性化を図るために魚食普及を促進することを目的として、正式名「香美町魚食の普及の促進に関する条例」が制定されたのは今から3年前の平成26年になります。

なぜ「魚を食べよう！」という活動が必要なのか。その背景には日本人の「魚離れ」があります。国民一人一日あたりの魚介類と肉類の摂取量において、肉類が初めて魚介類を上回ったのが平成18年、魚介類の摂取量は年々減少傾向にあります。食の西洋化が進むと共に、食が多様化しているのですね。その結果今では和食文化が危ぶまれ、同時に魚食文化も危機に直面しているのです。消費者の多くが調理の簡便化志向を強め、家庭で日常的に作られていた魚料理が親から子へ伝承されなくなっています。

ところが平成25年12月「和食：日本人の伝統的な食文化」がユネスコの無形文化遺産に登録されたことにより流れが変わりました。これを契機として、多くの日本人が和食文化を見つめ直すとともに、次世代に向けた保護・継承の動きにつながることが期待されるようになったのです。和食といえば、米・魚・野菜や山菜といった地域で採れるさまざまな自然食材を用いることを基本としていますから。「魚を食べよう！」という呼びかけが水産業のまち香美町でおこったのは必然とも言えるのでした。

香美町の幼稚園・小学校・中学校では毎月20日に「ととの日メニュー」として町内産の魚を使用した同一メニューの給食が出され、地元食材への理解を深めています。日本一のふるさとと給食の実現を目指しているそうです。さらに町内全中学校の生徒が、卒業するまでに必ず魚を三枚におろすことができるよう「中学生のふるさとの魚料理実習」も実施しています。町内産の新鮮な魚に触れる絶好の機会となっています。「どうして20日がととの日なんですか？」と香美町の農林水産課に問い合わせたところ「10（と）+10（と）で、20です」とのお答えでしたよ。

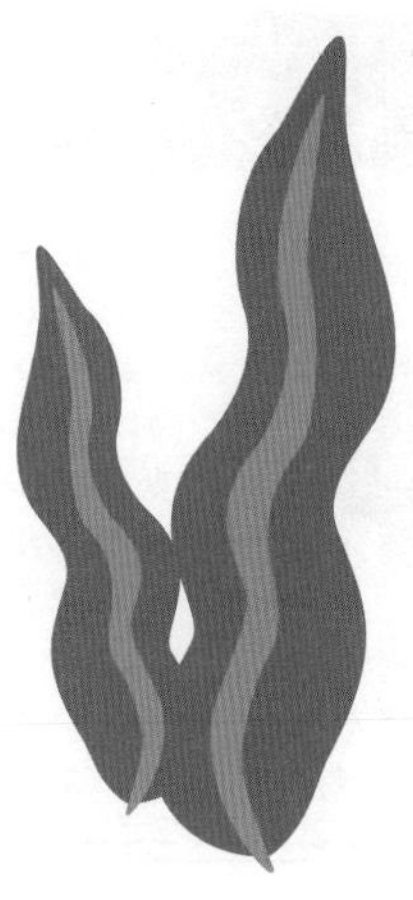

今月のキーワード

地理的要素 ● 明石海峡　山陰海岸国立公園

歴史的要素 ● 旧国名　伝統的工芸品

公民的要素 ● ユネスコ　農林水産課

時事的要素 ● 魚食　無形文化遺産

それぞれの要素から、今月取り上げた条例に「逆算的」にたどり着けるか、考えてみよう！

聞いてビックリ
知って納得

都道府県アンテナショップ探訪

秋田県

四季折々の自然が織りなす風景美

田沢湖

これまでいくつの都道府県を訪れたことがありますか？ 各都道府県には、まだあまり知られていない名所や習慣が多く存在します。今回は、「秋田ふるさと館」店長の舘岡 きみ子さんに秋田県の魅力をうかがいました。

「田沢湖」は、吸い込まれるような美しい瑠璃色が特徴の日本一深い湖です。湖の最深部は423.4mにもおよび、東京タワーがすっぽり収まってしまうほど。10月下旬から11月上旬にかけて、周囲のブナやカエデの原生林が赤や黄色に色づき、うっとりするようなコントラストを描きます。

なまはげは怖い？

「なまはげ」は秋田県男鹿《おが》半島に古くから伝わる民俗行事です。大晦日に家々を巡り「怠け者はいねが、泣ぐ子はいねが」と練り歩く姿は有名です。
一見怖い「なまはげ」ですが、実は家に来て豊作・豊漁・吉事《きちじ》をもたらす来訪神。国の重要無形民俗文化財に指定されています。

秋田ふるさと館
舘岡《たておか》 きみ子さん

秋田県PRキャラクター
んだッチ

近未来から秋田をPRするためにやってきた、なまはげ型の子どもロボット。明るく元気で、ロボットなのに食べ盛りの食いしん坊です。

お土産売れ筋ランキング

No.1 ぎばさ

粘りが強い海藻「アカモク」を、秋田県では「ぎばさ」と呼びます。古くから郷土食として親しまれてきました。カロリーが低く、食物繊維などの栄養が豊富なことから、近年ヘルシーな食材として注目されています。入荷しても売り切れになってしまう人気商品です。

No.2 いぶりがっこ

いぶした大根の漬物で、香ばしさとパリパリした食感が特徴。「がっこ」は、秋田県の方言で漬物という意味です。大根1本を丸ごと漬けたものや切ったもの、おやつ感覚で食べられる個包装のものも販売されています。人参《にんじん》を同じようにいぶして漬けた「いぶり人参」もおすすめです。

No.3 きりたんぽ鍋

半分つぶしたお米を串に巻き、形を整えて焼いた「きりたんぽ」は、新米ができる10月からの人気商品です。きりたんぽ鍋には、比内地鶏《ひないじどり》やゴボウ、ねぎ、せりなどを入れます。秋田県のせりは白い根っこまでおいしく、その独特の香りがきりたんぽ鍋の特徴のひとつとなっています。

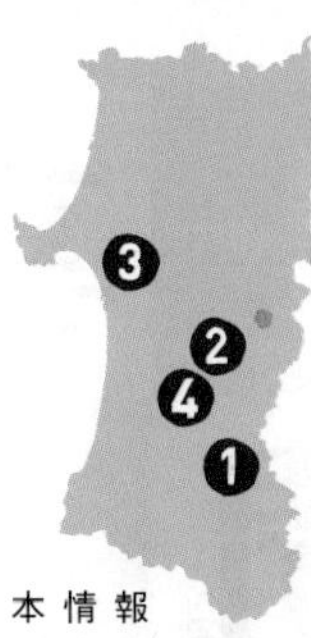

秋田県基本情報

面積…… 11,637.52㎢
人口…… 996,307人
(2017年9月1日 推計人口)
県の花…ふきのとう
県の魚…ハタハタ
県の木…秋田杉
県庁所在地… 秋田市

❶ 横手かまくら

高さ3メートルほどの大きな雪《ゆき》室《むろ》に水神様を祀《まつ》り、農耕に欠かせない火や水に対し感謝を捧げる行事です。かまくらのなかに設けられた祭壇には、お餅やミカン、甘酒などが供えられます。子どもたちが「はいってたんせ(かまくらに入ってください)」「おがんでたんせ(水神様をおがんでください)」と言い、甘酒やお餅を振る舞います。

❷ 角館武家屋敷《かくのだてぶけやしき》

江戸時代のはじめに大規模な都市計画によってつくられた城下町角館。当時にタイムスリップしたような情緒を残している武家屋敷群の表通りは、国の重要伝統的建造物群保存地区に指定されています。

❸ 竿燈《かんとう》まつり

毎年、8月上旬に秋田市で開催される竿燈まつりは、青森のねぶた祭、仙台の七夕まつりと並ぶ東北三大祭りの一つです。最大で46個もの提灯《ちょうちん》がついた、高さ12m、重さ50kgにも及ぶ巨大な竿燈を、差し手が手や額、腰などで支えてバランスを取り、妙技を競い合います。

❹ 全国花火競技大会「大曲《おおまがり》の花火」

毎年8月の最終土曜日、大仙市で全国から集まった選りすぐりの花火師たちが競い合う花火競技大会は「大曲の花火」として親しまれています。趣向を凝らした渾身の花火に、毎年約70万人の人々が酔いしれる国内屈指の花火大会です。つくった本人が花火玉を打ち上げるのも特徴です。

「忠犬ハチ公」は秋田犬《あきたいぬ》?

渋谷駅で主人を待ち続けたことで有名な「忠犬ハチ公」。実は秋田犬だったことをご存じですか?忠誠心が強く、従順で賢い性格で、ぴんと立った三角形の耳と、くるんと巻いたしっぽが特徴です。大型犬として唯一、国の天然記念物に指定されています。ハチ公の出身地である大館市の「秋田犬会館」には、秋田犬の資料が展示されています。

秋田県の特産品

あきたこまち

世界三大美人に数えられる平安時代の歌人「小野小町《おののこまち》」にちなんでその名がつけられました。コシヒカリを親に持ち、旨み・甘み・粘り・歯ごたえなどのバランスが良く、モチモチとした食感が特徴です。

稲庭《いなにわ》うどん

手延べ製法でつくられた平たい乾麺です。通常のうどんより細く、つるつるとしたのどごしが特徴です。江戸時代より高級品として知られ、贈答用としても人気があります。

受け継がれる伝統

大館《おおだて》曲げわっぱ

曲げわっぱとは、スギやヒノキからつくられる円筒形の木製の箱のことをいい、弁当箱などとして親しまれています。国の伝統的工芸品に指定されている大館曲げわっぱには、秋田杉が使用されています。年輪がもっとも美しい木目を薄くはぎ、型にあわせて素早く曲げたわっぱを桜皮で縫い留め、底面を隙間なくはめ込んでつくられます。木のぬくもりを感じられる美しさだけでなく、軽量で丈夫な実用性を兼ね備えています。

秋田ふるさと館

〒100-0006 東京都千代田区有楽町2-10-1 東京交通会館1F
TEL.03-3214-2670
営業時間 ● 10:00〜19:00
定 休 日 ● 年末年始
アクセス ● JR線「有楽町駅」中央口より徒歩1分
東京メトロ有楽町線「有楽町駅」D8出口より徒歩1分

お仕事見聞録

「働く」とは、どういうことだろう…。さまざまな分野で活躍している先輩方は、なぜその道を選んだのか？ 仕事へのこだわり、やりがい、そして、その先の夢について話してもらいました。きっとその中に、君たちの未来へのヒントが隠されているはずです。

ゲームプロデューサー

イマジニア株式会社

橋田 寛幸さん

PROFILE

1981年生まれ。2000年3月、栃木県立宇都宮北高等学校卒業。2004年3月、茨城大学工学部機械工学科卒業。小売業界などを経て2006年4月、ゲームメーカーのロケットカンパニーに営業職として入社。広告宣伝・開発の部署を経験した後、2016年7月、企業合併によりイマジニア株式会社に入社。現在は、パッケージゲームとキャラクターグッズのプロデュースを担当。

IMAGINEER

—イマジニア株式会社とは？

社名の「イマジニア」は、「Image（イメージ）」と「Engineer（エンジニア）」を組み合わせた言葉で、「想像を形に変える者」を意味しています。

主軸事業はキャラクターや教育、ゲームに関係するコンテンツ（画像や動画、音声、テキストなどのあらゆる情報）全般を取り扱う〝コンテンツ事業〟と呼ばれるもので、商品企画ならびに販売促進活動を国内外で行っています。そのほか、再生可能エネルギーを利用した発電事業にも取り組んでいます。

—イマジニアに就職しようと思ったきっかけは？

さまざまな事業を展開しているのはもちろんのこと、多種多様な資質を持った人がそれぞれ異なる分野で活躍しているところが魅力的だったからです。

とはいっても、ここに至るまでには紆余曲折ありました。高校生のころは当時のめり込んでいた音楽に関わる仕事を目指していましたし、大学では子どものころから興味のあったロボットに関する研究室で、多くの障害物がある災害現場で活躍できるロボットの研究開発に関わりました。

大学卒業後は、一転して小売業界に就職しましたが、〝ものづくりに携わりたい〟という思いが強くなり、2年で退職。そして、『メダロット』をはじめとするゲームを企画開発していたロケットカンパニーに転職しました。

その後、2016年7月、ロケットカンパニーが親会社のイマジニアと合併したことに伴い、私はイマジニアへ。毎日、あらゆる可能性が広がるイマジニアでワクワクしながら仕事に励んでいます。

—【ゲームプロデューサー】の仕事内容について教えてください

私が所属する社長室では、ニンテンドー3DSやニンテンドースイッチ向けのパッケージゲームソフトの企画開発や、スマホアプリの運用、キャラクターグッズの企画販売などを行っています。

そして、【ゲームプロデューサー】である私の仕事は、企画開発するゲームプロジェクトの全体を管理することです。具体的には、「どのようなゲームにするのか」といった事業計画を立て、商品の品質はもちろんのこと、スケジュール管理、販売戦略、さら

には売上まで、すべての面で最高の結果が得られるように管理していきます。

ちなみに、現在、私が関わっている商品は、公益財団法人日本漢字能力検定協会（以下 漢検協会）とイマジニアが共同企画したニンテンドー３ＤＳ向けのパッケージゲームソフト『漢検トレーニング２』です。また、今年、作品誕生20周年を迎えた『メダロット』シリーズのキャラクターグッズのプロデュースも担当しています。

—これまで担当されたゲームを例に、どのように開発していくのかを教えてください

開発工程は、主に企画、開発、製品チェックの３つに分けることができます。

２０１７年７月20日に販売開始した『漢検トレーニング２』の場合は、シリーズ５作目だったため、過去作品のアンケート結果や、通販サイトのレビューなどを参考に〝継続すべき点〟と〝改善すべき点〟を挙げることからスタートしました。そして、共同企画者である漢検協会とイマジニア、実際にゲーム開発を行うゲーム開発会社の３社間にて、意見交換を行いながらゲームの内容（仕様）を詰めていきました。

仕様が固まった後、ゲーム開発会社でプログラム開発が行われ、都度、仕様を調整しながらゲームを仕上げていきました。そして、製品がほぼ完成した段階で、ゲームのチェックを専門としている会社の協力を得ながら、不具合がないかを確認し、問題があれば修正―。これを繰り返しながら完成へと向かっていきました。

ニンテンドー3DSソフト『漢検トレーニング２』

毎年200万人以上が受検する、日本最大級の検定「漢検」のオフィシャルソフト。１級～10級まで全級の過去問題集を始め、要覧や辞典といった参考書も収録。漢検の本番と同様の合否シミュレーションができる。

—この仕事をしていてうれしかったことと大変だったことを教えてください

自分が携わった作品が店頭に並んだときはやはりうれしいですね。サンプル品は持っていますが、つい自費で買ってしまいます。また、『漢検トレーニング』シリーズをご購入されたお客さまから「このソフトのおかげで漢検に合格しました」と感謝のお手紙をいただいたときは、チーム全員の苦労が報われたように思い、本当にうれしかったです。

というのも、『漢検トレーニング』シリーズは、ゲームでありながら、１本のソフトに書店販売されている22冊のテキストと辞典が収録された〝教材〟でもあります。「出題ミス」や「解答ミス」などは絶対に許されないため、製品チェックにはかなり神経を使いました。実際、『漢検トレーニング２』のときは、スタッフが手分けしてすべての問題を実機で確認しました。そんな苦労があったからこそ、無事に店頭に並んだときや、お客さまからお手紙をいただいたときに、うれしく感じるんだと思います。

—仕事におけるこだわりを教えてください

こだわっていることは、「まずは自分で体験する」です。『漢検トレーニング』シリーズの場合は、実際にソフトを使って勉強し、漢検を受検しました。おかげさまで無事に２級に合格することができ、改めて効果を実感することができました。

実はその勉強の際、私が使用したソフトでは問題を解くことに重点をおいた商品だったため、間違えた問題は紙に書いて勉強していました。

そこで次のシリーズでは、ソフトだけで学習が完結できるように、復習機能を充実させてさらに効率良く学習できるよう改良しました。

—仕事をするうえで気をつけていることは？

自分がどんなにすばらしい機能だと思っても、他の人が同じように思うとは限りません。だからこそ、さまざまな人に体験していただき、そこで出た意見や感想を素直に聞き入れ、そして、客観的に物事を判断するように心掛けています。

また、メールの文章だけでは伝わりにくいこともあるので、可能な限り直接会って打ち合わせをするようにしています。

—仕事で成果を上げるために一番大切なことはなんだと思われますか？

何事も全力で一生懸命に取り組むことだと思います。常に上を目指し、それを達成するために全力で取り組むことで、自分自身を高められます。また、そうすることで自然に仲間との信頼関係も深まり、より大きな結果を生み出せるようになります。

—この仕事に就くために必要な資格や資質とは？

プログラマーやデザイナーなど、専門職種の場合は資格や資質が必要ですが、【ゲームプロデューサー】になるためには特別な資格というよりも、経験だと思います。ただし、「好奇心が旺盛で何事にも楽しみながら挑戦できる」という資質はどの職種でも必要です。だからこそ、学生時代には勉強やゲームだけではなく、さまざまなことに積極的にチャレンジし、経験値を積んでほしいと思います。特に〝流行っているものに関しては興味がなくても試してみる〟、という姿勢はエンターテイメント業界を目指す方には欠かせないでしょう。

—子どもたちに将来に向けてのアドバイスをお願いします

すでに将来の夢がある人は、強い希望を持ち、それに向かって努力してください。時にはうまくいかないこともあると思いますが、努力を続けることで、夢に確実に近づいていくでしょう。

将来やりたいことがまだ見つかっていない人は、とにかくいろいろなことにチャレンジしてください。そうすれば、いつか必ずやりたいことが見つかるはずです。

—仕事とは？

SCHEDULE

橋田さんのある一日のスケジュール

8:30	出勤、メールチェック
9:00	始業後、前日のグッズ売り上げを集計
10:00	パッケージデザインの確認 デザイナーに修正要望を送付
11:00	開発中ゲームの進捗チェック
11:45	昼食
13:00	ゲーム開発会社と打ち合わせ
15:00	グッズメーカーと商品企画についての打ち合わせ
16:30	打ち合わせのため外出
17:00	ゲーム雑誌の編集部にて誌面内容の打ち合わせ
18:00	帰社。翌日の業務確認・準備
18:30	退勤

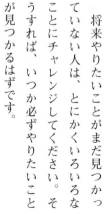

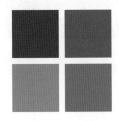

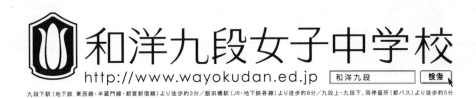

6年後
夢をかなえる
中学校

夢中

東京農業大学 第一高等学校中等部

東京都　世田谷区　共学校

校長
田中《たなか》 越郎《えつろう》 先生

知を〝耕す〟 東京農業大学の併設校

　本校は東京農業大学（以下、東農大）の併設校ですが、創立当初から普通科の学校で、農学教育を行っているわけではありません。教育理念は「知耕実学」で、東農大の〝実学主義〟を取り入れたものです。ここでいう〝実学〟とは、本物を見て聞いて、自ら体験し、そして自分の言葉で発表することです。〝実学〟を通じて「知」を深く柔らかく耕そうという考え方です。進学校ではありますが、教育の目的は大学に合格させることではなく、〝社会人〟の育成、つまり「社会のために役立つ人を育てる」ことにあります。

　本校では、総合学習や修学旅行で、稲作体験、みそや新巻鮭づくりなどのさまざまな実習を行っています。また、理科の授業は実験が多いです。環境や設備の面で東農大併設校であることを大いに活用した学びは、本校の特長だと思います。「本物に触れること」「自分自身で体験すること」こそが、社会で役立つ力の基礎を育むと考えています。

好きなことに打ち込める環境が進学実績につながる

　本校では、勉強でも部活でも、自分が好きなことに全力で取り組む姿勢を重視しています。部活動を頑張ることができる生徒は、勉強に対しても頑張ることができます。昨年の東大合格者4名のうち2名はハンドボール部と化学部で高3まで活躍していた生徒でした。もちろん勉強面においても、進学志望の生徒の希望に応える選択授業制などのサポートを充実しています。

グローバルの本質は〝隣人を理解すること〟

　昨今、大学入試改革に伴うさまざまな教育の変化が話題になっています。ただ、普段から「自分で体験し、自分で考え、自分の言葉で発表する」ことを重んじている本校にとって、「思考力」「記述力」「インタラクティブ」といった教育改革のキーワードも、改めて驚くようなことではないと思っています。

　グローバル社会を生きる生徒たちには、常に他者の視点に立ち、その考えを理解して、思いやれる人になってほしい。「他者の視点に立つ」とは、たとえば待ち合わせに遅れてしまったとき、「遅れてごめんなさい」と自分の視点から謝るのでなく、「待たせてごめんなさい」と相手の視点に立って謝る精神です。

　まずは「世の中には自分以外にたくさんの人がいて、それぞれ違う考え方をしている」と知ること、そして、その人たちの視点に立って物事を考え行動できるようになることが重要だと考えています。

東京農業大学第一高等学校中等部の取り組み

食べ物は、大自然からの贈り物

中等部の総合学習では、春に田植え、夏に雑草取り、秋には稲刈りと、厚木にある東農大キャンパスの農場で年に3回稲作体験を行います。また修学旅行では、網走のキャンパス見学も兼ねて新巻鮭づくりにチャレンジ。収穫したお米は脱穀した後、鮭は充分漬かった後で生徒に贈られるのも、農大一中ならではの楽しみです。

中学1年生は、3,000㎡の専用農場で稲作実習

SCHOOL DATA

東京農業大学
第一高等学校中等部

〒156-0053 東京都世田谷区桜3-33-1
TEL. 03-3425-4481
小田急線「経堂駅」より徒歩15分
東急世田谷線「上町駅」より徒歩15分

東京農業大学
第一高等学校中等部
OBリポート

6年間、途切れることなく打ち込んだ 中高一貫“サッカー”生活

スズキロウ 力《りき》 トーマスさん　慶應義塾大学　経済学部　1年

サッカー漬けの日々で得たもの

小学生のときからサッカーが大好きだった僕は、「高校受験で中断することなくサッカーに没頭したい」と考えて、中高一貫校を志望しました。僕は国語と社会が苦手だったのですが、農大一中には算数・理科の2科目入試があったので、受験を決意しました。

入学後はもちろんすぐサッカー部に入部。活動は中学と高校で分かれているのですが、高校でも続けたい中3生には、新チームが編成される9月ごろに高校の監督が声を掛けてくださり、練習や遠征に参加させてもらえるんです。

中高を通してサッカーを続けられた学校生活は、とても貴重な経験でした。特に高校では、進学直前に初めてサッカーのことで監督から激しく叱られたり、高校から入部した高いレベルのチームメイトたちに刺激を受けたりと環境が変わるなか、改めてサッカーと向き合う意識を持つことができました。高2の秋から主将を務めたことも、自分の内面を大きく成長させてくれたと思います。

得意科目を伸ばして慶應へ

大学受験を具体的に意識したのは高2になるころで、先生に「得意な英語と数学を活かせる慶應義塾の経済学部はどうか」と薦められたのがきっかけです。過去問を見てみると英作文の配点が高く、数学の問題も解けたので、受験を決めました。

覚えることの多い歴史や生物は苦手でしたが、「考えること」が好きなので、数学では難しい問題にも、「なぜ解けないんだ!?」と発奮して向かっていけました。だから受験勉強でも、もともと身についていた英語に加えて得意な数学の強化に努めました。

高3の夏休みまではサッカーを優先し、本格的に受験の準備を始めたのは9月ごろ。もっぱら学校のフリースペースで勉強していました。それは、先生が身近にいらっしゃったからです。わからない問題があるとすぐに質問に行きました。ときには一日付き合ってもらったり、英作文100題を一日で添削していただいたりと、本当にお世話になりました。

魅力と刺激に満ちた学び舎

中高一貫校の魅力は、やっぱり長く過ごす分、先生方と仲良くなれるところですね。担任の先生がずっと変わらないこともありますし、先生と生徒の距離がすごく近いです。

理科の授業では、中等部の初めから魚やネズミの解剖があり、僕は農学や化学を志望していたわけではありませんでしたが、「こんなことやるんだ！」と驚きました。また、SSF(運動会)では大根をバトンにしてリレーするなど、ユニークな学校で刺激に満ちた日々を過ごすことができました。

とにかく楽しい6年間で、入学して本当に良かったと思います。同級生たちも楽しそうでした。算数・理科の2科目入試もあるので理数系が得意な人は挑戦しやすいし、入学後の学習も充実しています。特に数学では、高校で学ぶ範囲を、理系文系とも高2秋までにある程度進めてくれるので、演習に十分な時間がとれて、大学受験においても大きなメリットになりました。進学を考えている人がいれば、ぜひお薦めしたいですね。

4年間で夢中になれるものを探したい

慶應に入学してそろそろ半年。課題が多いけど、勉強はやりがいがあります。農大一中高のサッカー部のコーチを務めたり、今年の夏にはオックスフォード大学へ短期留学に行ったりと、充実した日々を送っています。大好きなサッカーは、農大一中高のコーチの他に、大学のサークルと社会人チームに所属して続けています。

将来については具体的に何も決めていません。ただ、好きなことに打ち込む性格なので、まずはサッカーのように夢中になれるものを見つけたい。慶應に進学したのも、より幅広い選択ができると思ったからなんです。実際、受講科目はフレキシブルだし、学部と関係ない道に進む先輩もいるし、すごく“自由”な感じがして、入学して良かったと思っています。この4年でさまざまなものに触れ、自分が夢中になれる将来の道を探したいと思っています。

充実のスポーツ大会

中等部の運動会は、SSF（SAKURA Sports Festival）と呼ばれるクラス対抗戦。玉入れや綱引き、騎馬戦、大根リレーなどで各クラスが競い合います。高校ではサッカーやバスケ、ドッヂボールといった球技に加え、カラフルなTシャツコンクールも行われる『クラスマッチ』が開催されます。

東農大併設校にふさわしく、託すバトンは立派な“大根”

答えは教わるものでなく、自分でたどり着くもの

中等部1～2年の理科の授業は、半分以上を実験室で行います。実験・観察・発表を重ねることで、座学だけでは得られない生きた知識を習得し、探究心とプレゼンテーション技術を養います。この他、東農大と連携して行う本格的な実験・実習のプログラムも用意されています。

テーマから実験方法まで、生徒自身が考える

close up!!

クローズアップ!!

江戸川学園取手中・高等学校

EDOGAWA GAKUEN TORIDE Junior High School

茨城県　取手市　共学校

生徒の夢と志を全力で応援する「規律ある進学校」

1978年（昭和53年）の開校から40周年を迎えた江戸川学園取手中・高等学校。学力とともに豊かな人間性を育てるため、「規律ある進学校」として、様々な取り組みを行っています。

SCHOOL DATA

所在地
茨城県取手市西1-37-1

アクセス
JR常磐線・地下鉄千代田線「取手駅」徒歩25分またはバス、つくばエクスプレス「守谷駅」スクールバス

生徒数
男子511名、女子427名

TEL
0297-74-8771

URL
http://www.e-t.ed.jp/

竹澤《たけざわ》 賢司《けんし》　校長先生

【Q】御校の教育目標についてお教えください。

【竹澤先生】「生徒の夢は学校の目標」という言葉を本校のスローガンとして掲げています。学校は生徒のためにあるのです。開校以来、本校は生徒の夢をバックアップする学校であり続けてきました。人を育てるのは夢であり、これに大人、子どもの別はないと思っています。

【Q】御校は「心の教育」を大切にされていますね。

【竹澤先生】これからの時代、仕事の内容はどんどん変わります。国内だけではなく、様々な国の人と仕事をする機会も多くなります。だからこそ人間性が大事です。学力はその一部であって、全てではありません。

その心の教育で何を大切にしているかというと、「規律」です。生徒もみな社会を構成するひとりの個人です。相手を思う気持ちを持つことができなければ、人としての価値が生まれてきません。時間にルーズであったり、約束を守れないというのは本当の自由ではありませんし、相手を思いやれていません。だから、規律というのは「思いやり」のことでもあります。利他の心を育てることは、国際社会に出た時にも役に立つはずです。こういった部分は、中学・高校生時代に育まなければなりません。そのために、「規律ある進学校」を教育方針として、心の教育を展開しています。

【Q】御校の校風はどのようなものでしょうか。

【竹澤先生】「明るくてまじめ」な性格ですね。大学生や社会人の卒業生を招いて生徒を前にして話してもらう機会があります。そうした際に彼ら、彼女らに話を聞いても、例えば東京大には様々な一流の高校から学生が集ってきていますが、そこに本校生が入った時に、時間を守る、他者に礼儀正しくするといったことがきちんとできるのは本校生だそうです。

【Q】御校を志望されている受験生や保護者のみなさんにメッセージをお願いします。

【竹澤先生】先述のように、「生徒の夢は学校の目標」というのが本校の一番のスローガンです。ですから、夢を持った生徒さん、大志を抱いた生徒さんにぜひ入学していただきたいですね。とはいえ、まだ12歳ですから、もちろんそれが明確ではなく、こういう方向に進みたい、お父さんのように、お母さんのようになりたい、そういった漠然としたものでも構いません。本校はそんな夢を形にする学校です。ここで学びながら、大人への階段を登っていってください。

江戸川学園取手を支える6つの特色ある教育

茨城県屈指の私立校として注目を集める江戸川学園取手中・高等学校（以下、江戸川学園取手）。創立以来変わらぬ教育理念「心豊かなリーダーの育成」のもと、国際社会で活躍できる人材の育成に取り組んできました。「生徒の夢は学校の目標」をスローガンとして掲げ、江戸川学園取手での中高6年間のなかで、生徒が夢を抱き、その実現のために全力で挑戦できる環境を用意しています。

そんな江戸川学園取手の教育には、6つの特色があります。それが①心の教育、②東大コース、③医科コース、④特色あるカリキュラム、⑤イベント教育、⑥国際教育です。

心豊かな人間性を育てることを、開校以来最も大切にしてきた江戸川学園取手にとって、①の心の教育は欠かすことのできないものです。「道徳」の授業(中1、高1）や校長講話などの機会を通じて行われますが、けっして先生方の考えなどを押しつけるような内容ではありません。「道徳教育の基本理念」のなかには、「教師は一方的に教え込むことをしない」「教師は道徳的に完成した人格者として生徒に臨むのではなく、生徒とともに良い人生を求めて努力する」というものがあり、それぞれの機会において、上から教え込むという形ではなく、生徒の自主性も尊重しながら、一緒に考えていく、という姿勢で心の成長を促します。

中学にも導入された3コース制

②と③の「東大コース」と「医科コース」は、江戸川学園取手の進学指導体制の大きな特徴です。東京大への現役合格を目指す東大コースは、1996年（平成8年）以降、ほぼ毎年東京大へ2ケタの合格者を輩出するなど、合格実績伸長の中核です。

医科コースは、1993年（平成5年）の設置以来、医学を志す生徒のための教育を行ってきました。

学校生活

自然豊かで広いキャンパス。恵まれた学習環境のなかで6年間を過ごすことができます。

ゆったりとした環境で育まれる人間性

校舎

自習室

校舎全景

授業風景

コミュニティホール

朝読書

道徳

生徒主体で様々な行事を運営

学校行事

文化祭や体育祭など、年間をとおして多くの行事があり、生徒が主体となって運営することで、様々な経験を積むことができます。

体験学習（中2）

社会科見学（中1）

球技大会

オープンスクール

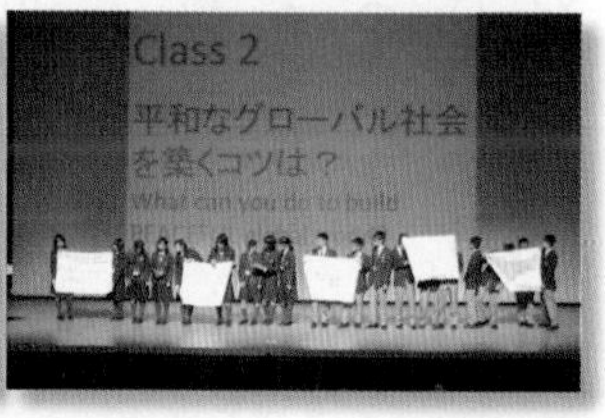

修学旅行

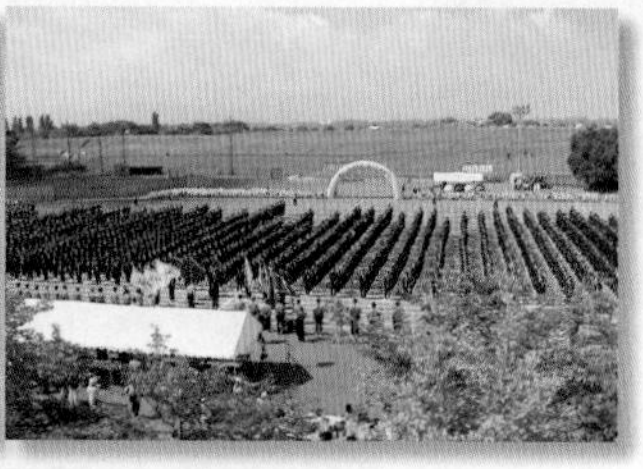

体育祭

入学式

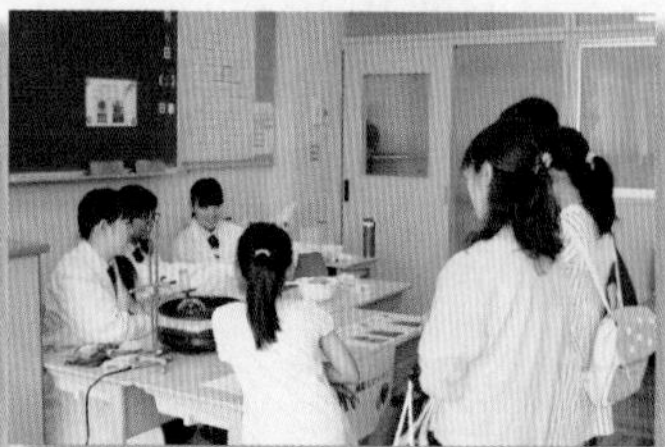

文化祭

この2コースは、これまで高校のみのコースでした。しかし、２０１６年度（平成28年度）から中学がコース制を導入。「東大ジュニアコース」「医科ジュニアコース」「難関大ジュニアコース」が設置されたことで、ともに6年一貫で学ぶことができるようになりました。入学時に惜しくもこの2コースに合格できなかった生徒も、その後のがんばり次第で希望するコースに進める可能性があります。

中学は「東大ジュニアコース」「医科ジュニアコース」「難関大ジュニアコース」、高校は「東大コース」「医科コース」「普通科コース」と、それぞれ3コース制で、より生徒の希望進路を叶える進学体制が整いました。

④の特色あるカリキュラムも、工夫を凝らしたものが多く用意されています。例えば、授業は基本的に1時限50分ですが、各教科の特徴（理科の実験など）を活かすために「１００分授業」や「１１０分授業」を随時組み入れています。そのほかにも、以前から実施されている双方向型授業や、学年縦断型の課外授業など、「授業が一番」をモットーに、学校で完結できるだけの質と量の授業を提供しています。

生徒の人間性を育てる教育を重視している江戸川学園取手は、授業や部活動とともに、学校行事にも力を入れています。

そのなかでも、⑤のイベント教育は、世界の第一線で活躍している様々な著名人を招いた講演会や世界的な音楽家の演奏、古典芸能鑑賞などを行うことで、生徒の情操教育につなげています。今年のイベントのひとつとして、現在、「江戸取スクールミュージアム」が学校内で開催されており、学校所蔵の美術品などを鑑賞することができます。外部一般公開日は11月11日と25日です。

最後に⑥の国際教育です。開校当時から国際社会で活躍できる人材を輩出したい、という想いから、1988年（昭和63年）からのカナダ修学旅行（高2）、1989年（平成元年）からのオーストラリア短期留学（中3・高1の希望者）に加え、2014年度（平成26年度）から、ハーバード大やマサチューセッツ工科大などを訪れる「アメリカ・アカデミック・ツアー」（希望者）をスタートさせるなど、積極的に生徒が国際経験を積めるような機会を提供しています。

このように、生徒が持っている夢、あるいは、ここで見つけた夢を叶えるために、学力だけではなく、優れた人間性も身につけられる多種多様な教育を展開している、江戸川学園取手中・高等学校です。

国際教育や部活動も盛ん

国際教育・部活動

開校当時から重視されてきた国際教育は、近年さらに充実しています。また、部活動も盛んで、文武両道を実践している生徒が多くいるのも特徴です。

イングリッシュカフェ

アメリカ・アカデミック・ツアー

オーストラリア短期留学

英会話授業のようす

吹奏楽部

テニス部

箏曲部

アメリカンフットボール部

ハンドボール部

入試情報

2018年度(平成30年度)入試要項

	第1回	第2回	第3回
出願期間	12月21日～1月14日 (第1～3回同時受付)	1月18日～1月24日 (第2回追加受付)	1月26日～2月2日 (第3回追加受付)
試験日	1月17日	1月25日	2月4日
募集人員	150名	60名	30名
合格発表	1月18日	1月26日	2月5日

【試験科目】一般入試：国語・算数(各150点)、社会・理科(各100点)、帰国子女入試：一般入試同様もしくは国語・算数・英語(各150点) 3科どちらかの選択

写真提供：江戸川学園取手中・高等学校

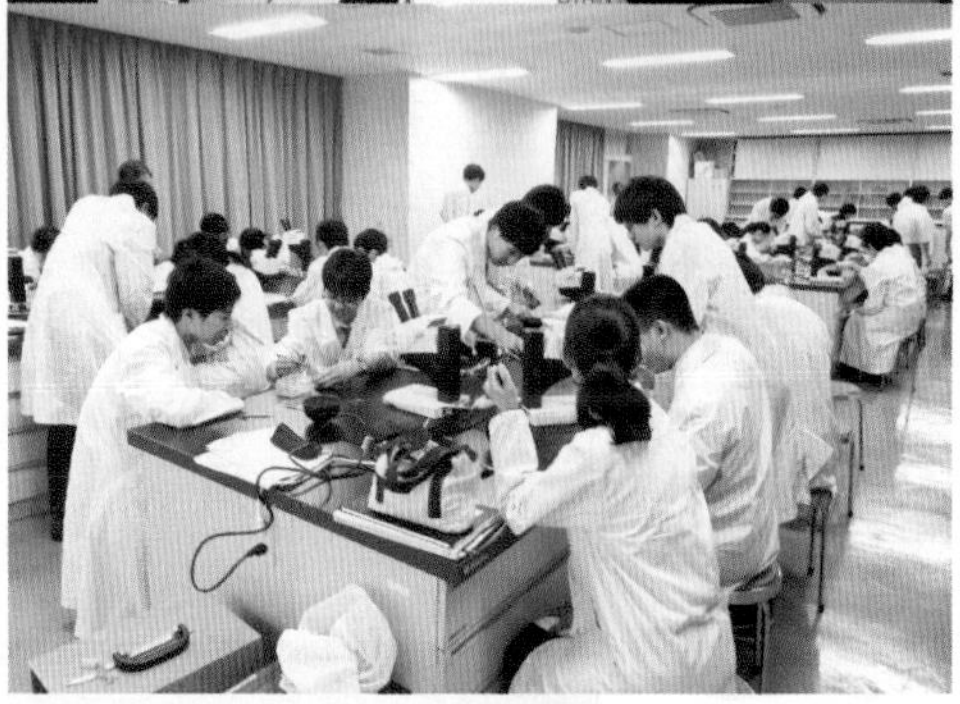

横浜市立
横浜サイエンスフロンティア高等学校附属中学校

「サイエンスエリート」を育てる新しい中高一貫教育がスタート

2017年（平成29年）4月、「サイエンス」を武器に活躍する人々を輩出する横浜市立横浜サイエンスフロンティア高等学校に附属中学校が開校しました。1期生はどんな学校生活を送っているのでしょうか。

〝ほんもの〟を体験し「驚きと感動」を得る

2009年（平成21年）の開校から9年目を迎えた、横浜市立横浜サイエンスフロンティア高等学校。教育理念は、「先端的な科学の知識・智恵・技術、技能を活用して、世界で幅広く活躍する人間の育成」です。サイエンスの考え方や、グローバルリーダーの素養を身につけ、世界中の人々とコミュニケーションを取りながら活躍できる人材を育てています。生徒たちは恵まれた環境のなかで伸びのびと成長し、良好な大学進学実績だけでなく、卒業後もサイエンス分野の研究を中心に様々な成果を生み出しています。

そして今年、横浜サイエンスフロンティア高等学校附属中学校（以下、横浜サイエンスフロンティア）が開校しました。栗原峰夫校長先生は、中学校設立の背景について、「高校教育での順調な歩みを、さらに早期から進めることが中学校設立の狙いのひとつです。また、中学3年間でベースを築いた生徒たちが高校へあがり、高校から入ってくる生徒たちと融合することで生まれる効果にも期待しています」と語られました。

横浜サイエンスフロンティアが目指すのは、「サイエンスエリート」の育成です。ここでいう「サイエンス」とは、幅広い分野において物事を論理的に考えることを意味します。文・理を超え、政治、経済、医学、薬学などあらゆる分野で役立てられる力です。一方、「エリート」とは、社会に貢献したり、お世話になった方々への恩を返したりする意識を持つことを意味します。それらをサイエンスの力によって叶えられる人を、「サイエンスエリート」と呼ぶのです。

その実現には、「驚きと感動による知の探究」が必要であると考えられています。

「『驚きと感動』と『知の探究』のサイクルにより、生徒の成長を促すのです。例えば、野球の練習をイメージしてみてください。基礎として素振りの練習（＝知の探究）はとても大事です。しかしながら、そればかりでは伸びません。試合に出たり、プロのプレーを観たりして得られる『驚きと感動』により成長できるのです。

本校には、この『驚きと感動』が得られる〝ほんもの〟を体験できる機会がたくさんあります。高

栗原《くりはら》 峰夫《みねお》 校長先生

「グローバルに活躍するための自己主張と、日本人特有の調和の双方を持ち、世界で認められるサイエンスエリートを目指してほしい」

School Information

横浜市立
横浜サイエンスフロンティア高等学校附属中学校

所在地：神奈川県横浜市鶴見区小野町6
アクセス：JR鶴見線「鶴見小野駅」徒歩３分
生徒数：男子40名、女子40名
ＴＥＬ：045-511-3654
ＨＰ：http://www.edu.city.yokohama.lg.jp/school/jhs/hs-sf/

校の課題探究型授業『サイエンスリテラシー』では、大学教員や企業の研究部門の方のサポートのもと、生命科学をはじめとした先端科学5分野が学べます。また、全員参加のマレーシア海外研修をはじめとした国際交流プログラムも充実しています。〝ほんもの〟に触れることで『驚きと感動』と『知の探究』のサイクルが回る。そんな教育を展開しています」（栗原校長先生）

学びを深く掘り下げ 知識を智恵に変える

カリキュラムの最大の特色は、授業時間数が多いことです。標準と比べ、中学3年間で国語・数学は140時間、英語は105時間、理科は35時間多く学べます。時間数が多い分は、新しい知識を先取りするのではなく、学んだ内容を深く掘り下げるのに活かします。なぜなら、横浜サイエンスフロンティアでは知識量を増やすことより、知識を智恵に変えるサイクルを重要視しているからです。

また、その手法のひとつとして、横浜サイエンスフロンティア独自の「DEEP学習」を取り入れています。「DEEP」とは、物事を正確にとらえて考察し討議する「Discussion（考察・討議）」、仮説を立てて論理的に実証する「Experiment（実験）」、フィールドワーク等実体験から学ぶ「Experience（体験）」、自分の考えや意見を正確に相手に伝える「Presentation（発表）」の頭文字を取ったもの。基礎基本の知識をもとに思考を働かせ、自らの考えを発表し、仲間と協働する力、まさに現在注目されている大学入試改革に耐えうる力を身につけていける授業が展開されています。

さらに、生徒自身が興味・関心のあるテーマを選択し、「フロンティア手帳」に記入した計画をもとに進めていく時間「フロンティアタイム」や、課題探究型の学習「サイエンススタディーズ」も大きな特色となっています。

カリキュラム以外の魅力についてもお聞きしました。

「特色あるカリキュラムを展開するのに欠かせない、充実した施設・設備がそろっている点も特徴です。天体観測ドームや生命科学実験室、環境生命実験室等、〝ほんもの〟が体験できる、大学にも劣らない恵まれた学習環境が整っています。顕微鏡やタブレットはひとり1台用意されており、パソコンも各階のPCラウンジ等で自由に使えます。

また、中学生と高校生との交流機会が多いことも本校の魅力のひとつです。生徒会活動や体育祭などを中高合同で行うほか、教室も同じフロアに配置しています。普段から同じ授業時間で動き、日常的にコミュニケーションを取りやすい環境です。部活動については、高校の部活動のなかから、中学生を受け入れられるものを選出し、可能な限り一緒に活動できるようにしています」（栗原校長先生）

世界で大切にされる サイエンスエリートに

今年4月に入学した1期生の雰囲気について、栗原校長先生は「本校に魅力を感じ、『この学校で学びたい』と強く望んでいる生徒たちが入ってきてくれたという印象を持っています。特に、サイエン

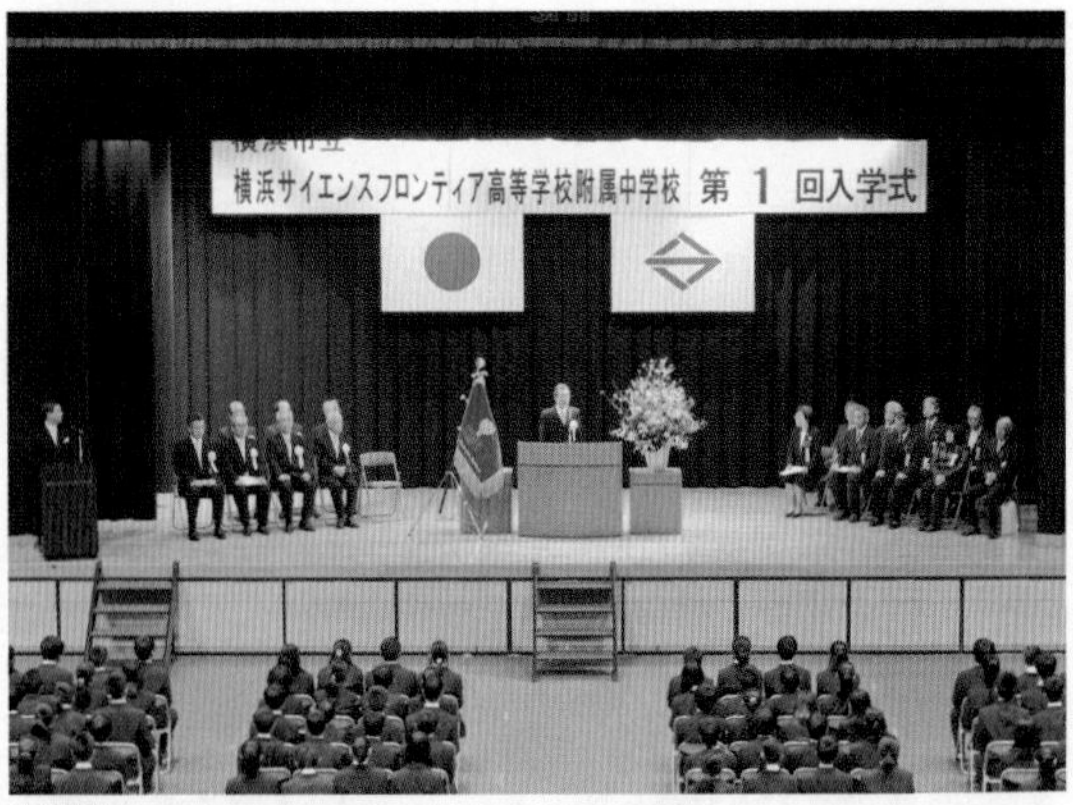

入学式

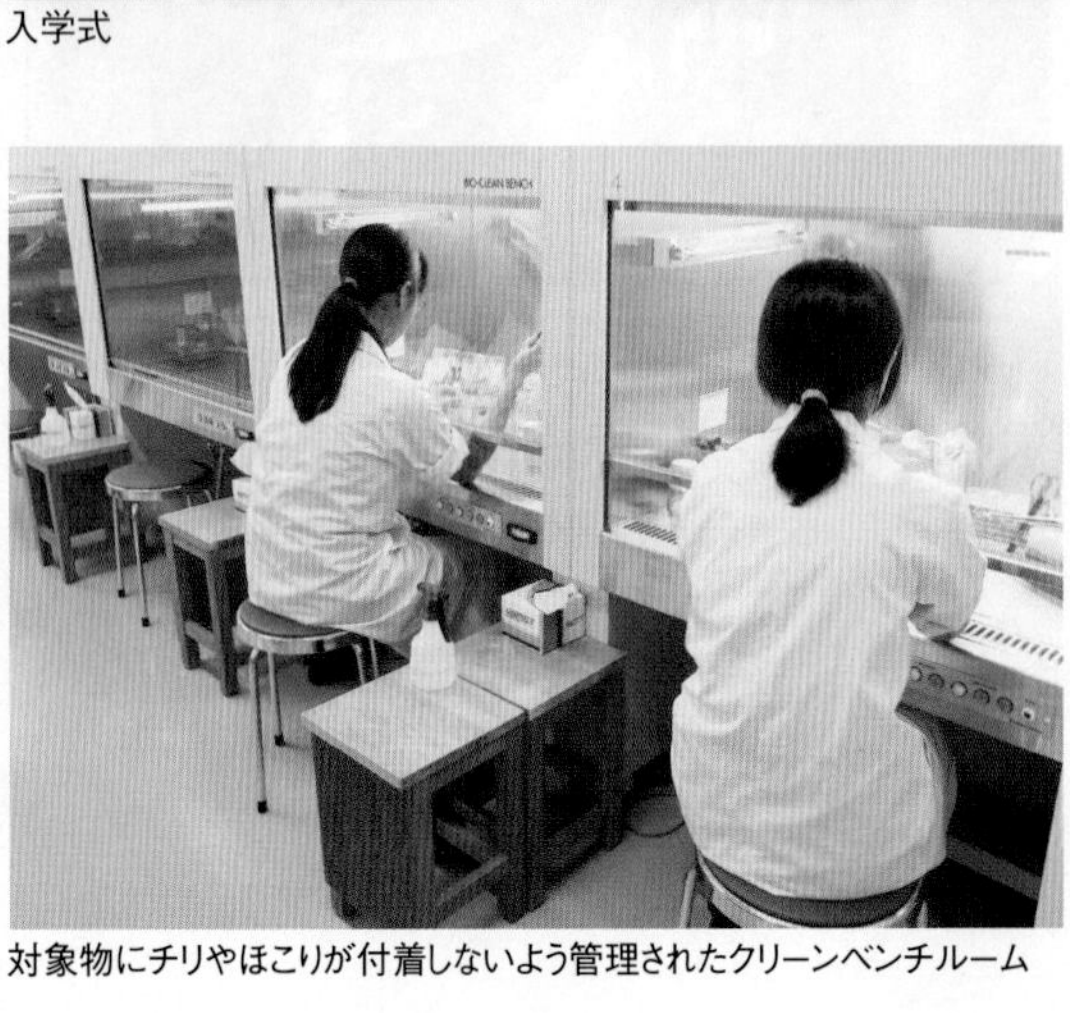
対象物にチリやほこりが付着しないよう管理されたクリーンベンチルーム

スを学ぶための施設・設備の充実、専門家の支援があることに魅力を感じている生徒が多いようです。何事にも積極性を持ち、いきいきと生活しているようすがうかがえます」と話されました。

最後に受検生へのメッセージをお聞きしました。

「現在、本校には様々なことに興味を抱き、チャレンジできる生徒たちが集まっています。常に視野を広く、視点を高く保つことのできる教育環境も整っています。ですから、みなさんにも、『やりたいことを仲間と一緒にやろう』という高い意識を持って入ってきていただきたいです。先輩・後輩も含め、一緒に学べる仲間に出会える学校だと思います。

組織とは、上に立つリーダーだけでは成り立ちません。仲間と共に行動することを意識し、状況によって立場を変え、リーダーを支える経験も大事です。グローバルに活躍するための自己主張と、日本人特有の調和の双方を持ち合わせてほしい。そうして、世界で認められるサイエンスエリートを目指してほしいと思います」（栗原校長先生）

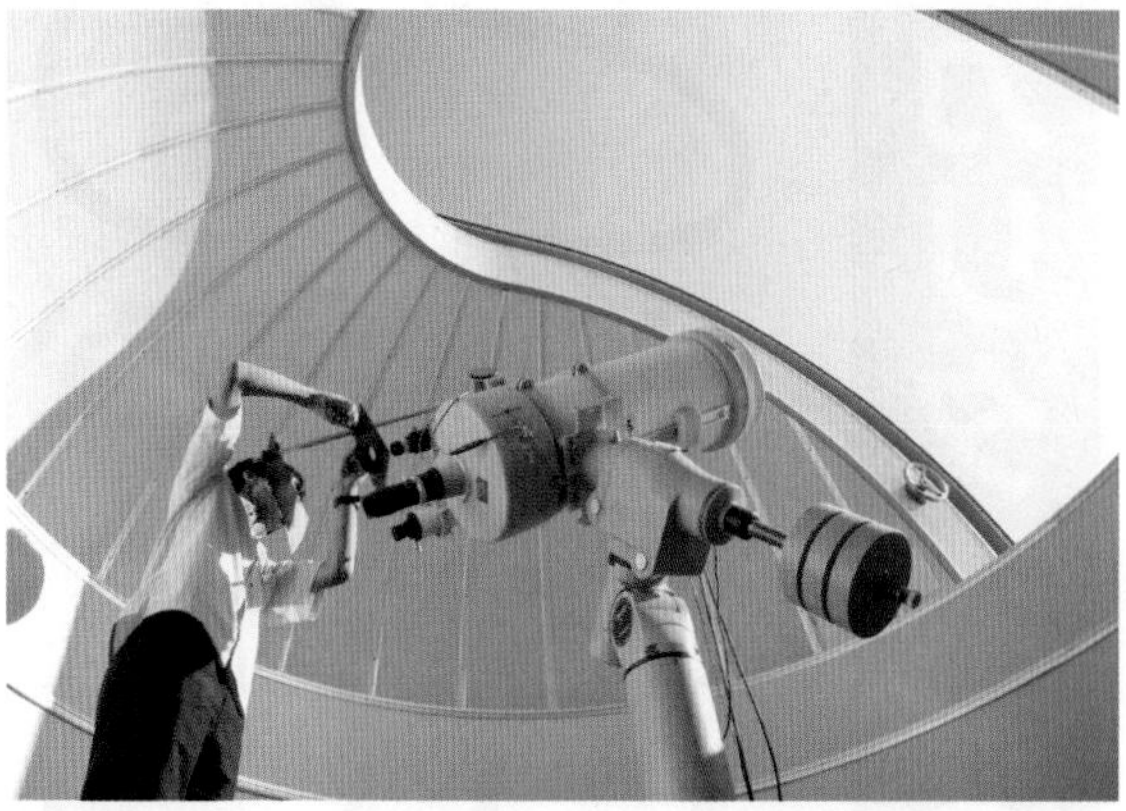

天体観測ドーム

体育祭

写真提供：横浜市立横浜サイエンスフロンティア高等学校附属中学校

Check!

入試情報

2018年度（平成30年度入学生募集）

募集区分

一般枠（横浜市在住）

募集定員

80名（男子40名・女子40名）

入学願書受付

1月9日（火）～11日（木）

検査実施日

2月3日（土）

検査内容

調査書、適性検査Ⅰ・Ⅱ

適性検査の傾向

2017年度（平成29年度）は、適性検査Ⅰでは文系の内容を主体に、適性検査Ⅱでは理系の内容を主体に作問されました。適性検査Ⅰでは「課題をとらえて適切に表現する力」、適性検査Ⅱでは与えられた資料を的確に読み取り「筋道をたてて論理的に考える力」「分析力、思考力、判断力を生かして課題を解決する力」が求められました。

のぞいてみようとなりの学校

カリタス女子《じょし》中学校

ラテン語で「慈しみ・愛」を意味する「カリタス」を校名に掲げるカリタス女子中学校。キリスト教の教えを大切にしながら、様々な教育をとおして「普遍的な愛で他者に尽くす人間」を育てています。今回はそうした教育のなかから、他校でもあまり類を見ない「教科センター方式」と「英仏複言語教育」についてご紹介します。

School Data

所在地	神奈川県川崎市多摩区中野島4-6-1
アクセス	JR南武線「中野島駅」徒歩10分、 JR南武線・小田急線「登戸駅」バス
生徒数	女子のみ578名
ＴＥＬ	044-911-4656
ＵＲＬ	https://www.caritas.ed.jp/

特徴的な授業スタイルと英仏複言語教育が魅力

自ら学ぶ姿勢を育む教科センター方式とは

カナダ・ケベック州の修道女会によって1961年（昭和36年）に設立されたカリタス女子中学校（以下、カリタス）。2006年（平成18年）の校舎建て替え時に主体的な学習姿勢を育むことを狙いとして、「教科センター方式」を導入しました。

この方式は、ホームルーム教室で先生が来るのを待つという一般的な授業スタイルとは一線を画します。全ての教科の学習を専用教室で行うスタイル、つまり、生徒は授業ごとに各教科の教室へ移動して、そこで授業を受けるのです。どの教室で何の授業が行われるのか、どの教材が必要なのかを確認したうえで行動するため、「自分で考えて行動する力」が自然と身につくといいます。

左ページの【図】のように、各教室は教科ごとにゾーンにまとまっており、中央には教科センター方式の名称の由来となった「教科センター」というスペースがあります。ここは生徒の作品や教員からのお知らせ、授業中に扱いきれなかった資料の展示など、授業以外の学習スペースとして重宝されています。

入試広報委員会・委員長の引地一男先生は、「例えば、理科センターでは小動物を飼育していたり、自由に使える実験キットを置いていたりと、それぞれ教科に親しんでもらうための工夫を凝らしています。教科センターは各ゾーンの中央にあり、多くの生徒が授業の行き帰りに通る

近代の著名文学者の資料を展示する国語の教科センター

理科の教科センターには水槽や標本もおかれています

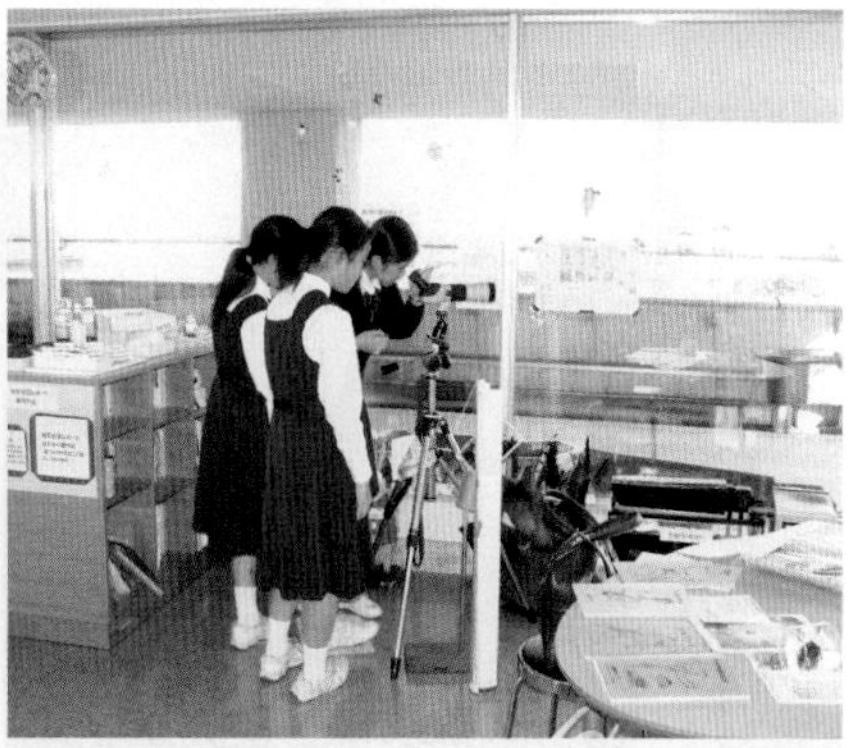

理科センターに設置された望遠鏡をのぞく生徒たち

ので、友だち同士で学びあうスペースとしても役立ててくれるといいですね」と話されます。

そして、社会室1には11HB(1年1組)、社会室2には12HB(1年2組)…と、教室にHB(ホームベース)という部屋が隣接しています。下駄箱やロッカー、小さなテーブルやイスが置かれた各クラス専用スペースで、1日の準備をしたり、友だちと談笑したりする時に利用します。

このようにHBは生活の場、教科教室は学習の場と分けて考えることで、メリハリをつけて生活できます。中2は国語、中3は数学のゾーンと、他学年でも教科教室とHBは必ず対応しており、朝礼や終礼、ホームルームなどでクラス全員が集まる時は、HBの隣の教室を利用しています。ただし、選択授業が多い高3は、空き時間に自習ができるようにと、HBが教科教室並に広いつくりになっています。

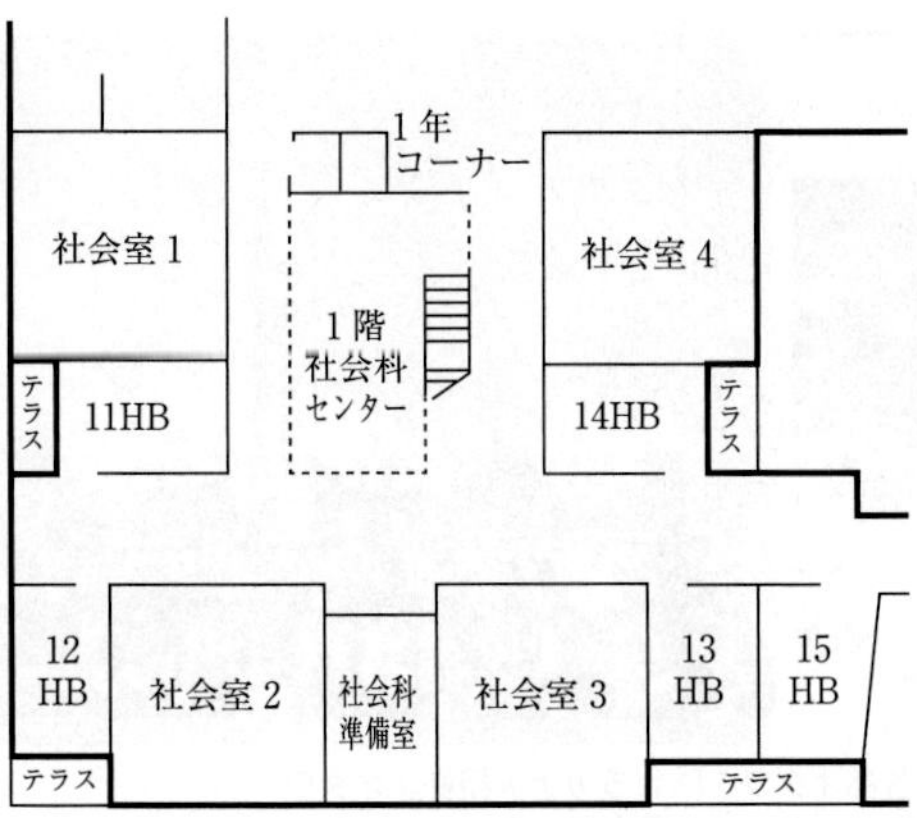

【図】社会科ゾーン1階

また、各教室ではそれぞれ異なる席で授業を受けるため、クラス内の人間関係が広がること、移動中に他クラスや他学年の人と顔を合わせるので、そこでも様々なコミュニケーションが生まれることなどもメリットとしてあげられます。

「教室移動が多いのは大変そうに見えるかもしれませんが、移動することで授業ごとに気持ちが切り替えられますし、中高生という多感な時期に様々な人とコミュニケーションをとれるのもいいことだと思います」と引地先生。

さらにカリタスでは、教科センター方式に加えて、「ノーチャイム制」を導入しているほか、【図】の学年コーナーに設置した電子掲示板で伝達事項を発信し、そこで各自が必要な情報を確認するように指導しています。これらの取り組みをとおして、生徒の自律を促しているのです。

英語とフランス語を必修科目に設定

もうひとつの特色ある教育が、「英仏複言語教育」です。カリタスでは、設立母体の修道女会がフランス語を公用語とするカナダのケベック州にあることから、創立以来、英語に加えてフランス語の教育にも力を入れてきました。中学3年間は英語とフランス語の両方が必修となり、英語は週6時間、フランス語は週2時間で、どちらの授業も少人数で行います。高校生になると、どちらかを第1外国語に選び、もう一方は第2外国語として学ぶこともできます。

フランス語科の教諭でもある引地先生は「英語以外の言語を中学で学ぶ、しかも必修にしているのは珍しいのではないでしょうか。中学段階で学ぶため、知識の定着率もいいようで、卒業生に話を聞くと卒業後も学んだことを覚えているといいます。社会人になって、仕事で英語以外の言語が必要になった卒業生は、『カリタスでフランス語を学んでいたから、ほかの言語の勉強も抵抗感なく進めることができた』と話してくれました。

それに英語はヨーロッパ言語のなかで形態学的によりシンプルで、動詞の活用も少なく、英語を学習した後に高校や大学でフランス語を学ぶと、とても難しく思えてしまうんです。その点でも並行して学ぶメリットがあるでしょう。

外国語を同時に学ぶことを不安視する保護者の方もいますが、大人が

GVSでは英語での交流のほか、留学生による「即席母国語講座」なども行われるそうです

脚本から衣装まで、全て生徒自身でつくりあげる外国語発表会

フランス語の授業は週2時間のうち1時間をネイティブ教員が担当します

交換留学で来日したフランス人留学生に書道を教えています

カナダのケベック州と首都オタワを訪れるカナダ研修。オタワでは、市内観光やシニアセンターでの異文化交流も行います

写真提供：カリタス女子中学校

思う以上に子どもの潜在能力は高く、どの生徒も無理なく両立しています。むしろ双方の似ている点、異なる点を比較しながらマスターできるという相乗効果が生まれています」と話されます。引地先生によると、中学3年間フランス語を学ぶと、実用フランス語検定試験4級レベルの力が身につくそうです。

学習の成果は年に1度の「外国語発表会」で披露します。学んだ英語とフランス語を使い、中1・中2は暗唱や朗読劇、中3は英語とフランス語を組みあわせた劇を上演。高校生は第1外国語に選んだ言語を使ったさらに高度な劇に挑戦します。

世界の多様性を実感してほしい

英語やフランス語を使う場として、様々な「グローバル教育プログラム」も実施しています。

「カナダは英語とフランス語が公用語で、標識なども英語とフランス語が併記されている土地ですから、複言語教育の実習のような意味合いもあります」と引地先生が説明されるのは、高1の夏休みに行われる「カナダ研修」（希望者対象・約3週間）です。カナダのケベック州で「カリタス・ルーツの旅」を体験した後、首都オタワへ移動し、それぞれ第1外国語に選択した言語を話す家庭にホームステイしながら、現地校で語学研修に参加します。

中3が全員参加する「GVS（Global Village for Students）」は、日本に来ている留学生との交流プログラムです。5〜6人のカリタス生に対してひとりの留学生がつき、英語でグループディスカッションなどを行います。

「GVSに参加する留学生の出身地は、南米や東南アジアなど、英語圏には限らないので、世界には多様な人がいることを肌で感じるいい機会になっています」（引地先生）

高1・高2向けには、英語を使ってポジティブシンキングや論理的思考力を身につけるための「FGLP（Future Global Leadership Program）」というプログラムも。ハーバード大の学生を招き、ディスカッションやディベートなどを行うなかで、語学力も向上します。

また、高校でフランス語を選択した場合は、フランスの学校との交換留学に参加できます。滞在中は互いの学校の生徒宅にホームステイしながら学校へ通います。通常の期間は約3週間ですが、希望者は約1年の長期留学も可能です。

カリタス女子中学校では、ほかにも多彩なグローバル教育プログラム

英仏複言語教育を取り入れたカリキュラム

中学

1年

国語	社会	数学	理科	音楽	美術	保健体育	技術家庭	英語	英会話	フランス語	総合（宗教奉仕活動）	道徳（カトリック倫理）	LHR	TOTAL
4	3	5	4	1.5	1.5	3	2	5	1	2	2	1	1	36

2年

国語	社会	数学	理科	音楽	美術	保健体育	技術家庭	英語	英会話	フランス語	総合（異文化理解）	道徳（カトリック倫理）	LHR	TOTAL
5	4	5	4	1	1	3	2	5	1	1	2	1	1	36

3年

国語	社会	数学	理科	音楽	美術	保健体育	技術・家庭	英語	英会話	フランス語	総合（異文化理解）	道徳（カトリック倫理）	LHR	TOTAL
5	4	5	4	1	1	3	1	5	1	2	2	1	1	36

高校

1年

国語総合	世界史A	日本史A or地理A	現代社会	数学Ⅰ	数学A	物理基礎	化学基礎	体育	選択※1	コミュニケーション英語Ⅰ or仏語Ⅰ	発展コミュニケーション英語Ⅰor仏語レクチュール	英語会話or仏語会話	家庭基礎	社会と情報	カトリック倫理	LHR	TOTAL
5	2	2	2	3	2	2	2	3	2	3	2	1	2	1	1	1	36

※1　音楽Ⅰ、美術Ⅰ、工芸Ⅰ、書道Ⅰから選択

2年 国公立文系コース

現代文B	古典B	世界史B or 日本史B	選択※2	数学Ⅱ	数学B	生物基礎	体育	保健	コミュニケーション英語Ⅱor仏語Ⅱ	英語表現Ⅰ or仏語テーム	英語会話or仏語会話	カトリック倫理	LHR	TOTAL
4	3	4	2	4	2	3	2	1	4	3	1	1	1	35

※2　地理A、音楽Ⅰ・Ⅱ、美術Ⅰ・Ⅱ、工芸Ⅰ・Ⅱ、英語研究、仏語研究から選択

2年 私立文系コース

現代文B	古典B	世界史B	日本史B	選択※3	生物基礎	体育	保健	コミュニケーション英語Ⅱor仏語Ⅱ	英語表現Ⅰ or仏語テーム	英語会話or仏語会話	英語研究 or 仏語研究	カトリック倫理	LHR	TOTAL
4	4	4	4	2	2	2	1	4	3	1	2	1	1	35

※3　数学研究、音楽Ⅰ・Ⅱ、美術Ⅰ・Ⅱ、工芸Ⅰ・Ⅱ、書道Ⅰ・Ⅱ、2外仏語、2外英語から選択

2年 理数コース

現代文A	古典A	数学Ⅱ	数学B	物理基礎A	化学	生物基礎	体育	保健	コミュニケーション英語Ⅱ	英語表現Ⅰ	英語会話	カトリック倫理	LHR	TOTAL
2	2	5	3	2	6	3	2	1	4	2	1	1	1	35

3年 国公立文系コース

上級現代文	上級古典	世界現代史 or日本現代史 or生物	数学研究	体育	保健	コミュニケーション英語Ⅲ or 仏語Ⅲ	英語表現研究or 仏語テーム	英語会話or仏語会話	社会と情報	カトリック倫理	LHR	自由選択科目※4	TOTAL
3	2	4	4	2	1	5	2	1	1	1	1	8	35

※4　国語表現、漢文講読、地理研究、現代社会研究、化学研究A、生物研究、音楽Ⅰ・Ⅱ・Ⅲ、美術Ⅰ・Ⅱ・Ⅲ、工芸Ⅰ・Ⅱ・Ⅲ、上級英語会話、英語研究、リスニング、ライティング、現代フランス研究、仏語研究、ディクテ、上級仏語会話から選択

3年 私立文系コース

上級現代文	上級古典	世界現代史 or日本現代史	体育	保健	コミュニケーション英語Ⅲ or 仏語Ⅲ	英語表現研究 or 仏語文法研究・テーム	英語会話or仏語会話	社会と情報	カトリック倫理	LHR	自由選択科目※5	TOTAL
3	3	5	2	1	5	4	1	1	1	1	8	35

※5　国語表現、漢文講読、現代社会研究、音楽Ⅰ・Ⅱ・Ⅲ、美術Ⅰ・Ⅱ・Ⅲ、工芸Ⅰ・Ⅱ・Ⅲ、上級英語会話、英語研究、リスニング、ライティング、2外仏語、現代フランス研究、仏語研究、ディクテ、上級仏語会話、2外英語から選択

3年 理数コース

上級現代文	数学Ⅲ or 数学研究	物理 or 生物	体育	保健	コミュニケーション英語Ⅲ	英語表現研究	社会と情報	カトリック倫理	LHR	自由選択科目※6	TOTAL
2	8	5	2	1	4	2	1	1	1	8	35

※6　国語表現、漢文講読、地理研究、現代社会研究、物理研究B、化学研究A、化学研究B、生物研究、美術Ⅰ、美術Ⅱ、上級英語会話、英語研究、リスニング、ライティングから選択

を用意しており、複言語教育やこれらのプログラムによって「異文化理解を深め、幅広く国際的な視野を身につけること」を目指しています。最後に引地先生は、「今の日本では、グローバル＝英語、というイメージが強いです。確かに外国語をコミュニケーションの道具としてとらえるならば、英語さえ完璧に習得できれば問題ないのかもしれません。

でも私は、外国語はその言葉を母国語とする人の文化や歴史、考え方を理解するためのチャンネルのようなものだと考えています。それが英語しかないと、英語をとおして、言い換えればアメリカやイギリスをとおしてしか世界を見ることができません。そこにフランス語というチャンネルが加わることで、複数の視点で世界を見ていくことができるのではないでしょうか。

また、世界にある何千もの言語のなかで、英語ひとつしか学ばないのと、何かもうひとつ学ぶのでは、数字上では2倍ですが、それ以上の大きな違いがあると思います。世界には文化も歴史も考え方も異なるいろいろな人がいます。複言語教育や様々なプログラムを、それらのことを身をもって理解するためのひとつのきっかけにしてほしいですね」と語られました。

この1校！

共立女子中学校

KYORITSU GIRLS' Junior High School

東京　千代田区　女子校

合科型の先駆け、特別教養講座

共立女子では、2006年から教員有志による「特別教養講座」が開講されています。教科や学年の枠を越えた取り組みで、テーマを発表して生徒を募集し、講義、実験、校外実習などを組み合わせて実施しています。今年度は「身近なお茶のヒミツ」がテーマでした。

特別教養講座の歩み

これまでに取り上げてきたテーマは、明暦の大火、高尾山、隅田川、江ノ島、スケート、海からの生命、宇宙の始まり、豆腐など実に多彩で、そのたび毎に国語、社会、理科を中心に家庭科や体育など様々な教科の有志教員が参加して、この特別教養講座を作り上げてきました。

また、外部講師をお招きするのも特長で、研究者からフィギュアスケーター、マジシャンに到るまで普段なかなかお目にかかれない方々からもお話を伺ってきました。

今後の教育改革を念頭に、2016年度入試から共立女子で実施されている「合科型論述テスト」導入の背景にも、実は「教科の枠を越えて1つのテーマを多角的に見る」という特別教養講座の視点が活かされているのです。

それでは、「身近なお茶のヒミツ」をテーマに2日間の日程で開講された、今年度の特別教養講座をご紹介します。

先生のお手本の後は、お点前にチャレンジ

特別教養講座　1日目（校内）

1日目は校内で行われる講義と実験です。

・**歴史**…お茶のクイズ、日本・世界・台湾のお茶についての講義と、抹茶のお点前を実践しました。初めてお茶を点てる生徒も多く、抹茶の良い香りが好評でした。

・**地理**…茶の生育条件を自然環境面から見てみました。お茶の生育には朝もやの湿気が甘みを増すために必要なこと、その朝もやは丘陵地でできやすいことなどです。

また、日本は以前に紅茶の栽培を国策として大々的に行っていたことがあり、それが失敗して日本茶に転換していったという経緯についての講義もありました。

・**古典**…最初に日本茶の「急須と湯飲み」の絵をそれぞれ描いてもらい、このお茶のスタイルはいつからあったのかを、文献と浮世絵を中心に探りました。

生徒は自分の描いた急須やお茶のイメージが、江戸時代後期からのものであることが意外なようでした。

・**理科**…お茶の成分を調べるため、ペーパークロマトグラフィー法を用いて成分の分離を行いました。抹茶の成分を溶媒で抽出し、ろ紙で展開したところ、クロロフィ

抹茶の成分を抽出中

School data!

共立女子中学校

KYORITSU GIRLS' Junior High School

所在地■東京都千代田区一ツ橋2-2-1
アクセス■都営三田線・新宿線・地下鉄半蔵門線「神保町」徒歩3分、地下鉄東西線「竹橋」徒歩5分、JR線「水道橋」・「御茶ノ水」徒歩15分
生徒数■女子のみ993名　電話■03-3237-2744

紅茶を発酵させる器械

ルやカテキンなどのお茶の成分を分離・確認することができました。

また、近年ペットボトルのお茶がたくさん販売されていますが、ペットボトルのお茶の成分表を見ると「ビタミンC」という食品添加物が添加されています。ビタミンCは抗酸化作用の添加物として有名で、お茶の酸化を防ぐ効果があると言われています。その効果について確かめる実験を行いました。実際のお茶は、ビタミンCや抗酸化物質を多く含むため、ヨウ素液をお茶にみたて、ビタミンCの作用を観察しました。

ヨウ素を酸化還元することで色が変化することやビタミンCを入れたものは酸化されないことに驚いていました。

特別教養講座 2日目(校外)

2日目は実際に東京の武蔵大和駅の近くにある木下園（茶園）に出かけていき、農家の方からお茶（狭山茶）の栽培方法やその加工方法についての話を聞きました。

狭山茶というと埼玉というイメージがありますが、東京西部でも作られています。木下園では、お茶の栽培から茶葉への加工、そして販売まで行っています。そのためお茶が茶葉になるまでの全行程を見せていただけました。

また木下園では、近年の消費者の嗜好に合わせて緑茶だけではなく紅茶も時期によって栽培しています。緑茶と紅茶の行程の違いや、緑茶と紅茶に向いている茶葉のお話、茶畑についている「扇風機」は霜がおりないように空気をかき回す役目をしているということ、茶葉の摘み取り日の気温や湿度が与える緑茶への影響など、現場の知恵や苦労を教えていただきました。

その後、近くの集会場にて新潟県の長岡からお呼びしたお茶屋さんのカクタ田中清助商店専務取締役・田中洋介さんから、「美味しいお茶の入れ方」についての講習会が行われました。

お茶の種類や効果、温度によって茶葉から旨味成分（アミノ酸）や渋み成分がどのように出てくるのか、値段の高い茶葉と安い茶葉の違いなどを教えていただいた後に、実際に急須を使ってお茶を入れるという体験を行いました。

近年は急須を使うことも少なくなり、お茶といえばペットボトルという生徒が多いようですが、きちんと急須で入れたお茶の1煎目、2煎目の違いまでじっくり味わっていました。

最後に日本茶インストラクター埼玉支部長の安藤茂美さんから、「狭山茶」についてのお話を伺いました。

外部講師の講義があるのも特別教養講座の魅力の1つ

参加生徒の感想

「日本に輸入された最初の紅茶が、おなじみの黄色いラベルのリプトンだとは知りませんでした。他にも新しい知識が得られて面白かったです。正しいお茶の入れ方で、こんなに美味しくなるとは思いませんでした。

茶器が必要になるので、入れるのは少し手間ですが、家でも入れて飲んでみたいと思います」

第１回「Sugamo Summer School」には、中２・中３の計40名の生徒が参加しました

Go!Go!志望校 第25回

真のエリートたちと出会える英語合宿

巣鴨《すがも》中学校・高等学校「Sugamo Summer School」

巣鴨中学校・高等学校（以下、巣鴨）は、「硬教育」を礎に、生徒の強く生きる力を育む中高一貫の男子校です。２０１５年（平成27年）に新校舎が竣工するなど、伝統の精神を受け継ぎつつ、未来を生きる生徒のために変化も惜しみません。教育に対する熱い姿勢が魅力の巣鴨で、今年から中学生向けに新たなプログラム「Sugamo Summer School」が始まりました。希望者による６日間の英語合宿ですが、巣鴨独自の素晴らしい体験ができる内容となっています。プログラムの詳細と、教育的意義について、入試広報部部長の大山聡先生にお話を伺いました。

生徒を迎えるのは魅力的な６名の講師

８月14日〜19日に開催された第１回の「Sugamo Summer School」。舞台は長野県の巣鴨学園蓼科学校。参加者は中２・中３の希望者40名（各学年20名ずつ）です。

大山先生は、「本校では、２００２年（平成14年）からイギリスのパブリックスクールの名門、イートン校のサマースクールに参加しています。中３〜高２を対象とした３週間の渡英学習です。参加した生徒たちは、経験を通じて多くを学び、成長しています。なかでも、『英語でコミュニケーションしたい』という自発的な姿勢が養われた成果は素晴らしいと感じました。

そして、低学年でも英語コミュニケーションを体験できる機会をつくりたいとスタートしたのが『Sugamo Summer School』です。英語を使う楽しさを学び、学ぶ意欲を喚起させることをとおして幅広い視野を育むきっかけとなってほしいと思います」と、新たなプログラムを始めた意義を語られました。

「Sugamo Summer School」の一番の特徴は、エリートとの邂逅《かいこう》を実現できる魅力的な講師陣にあります。今回参加した６名のイギリス人講師は、全員がオックスフォード大もしくはケンブリッジ大卒の学歴を持ち、外交官やパブリックスクールの教諭を務めるなど、第一線で活躍している方々です。人格と教養の優れた講師と６日間過ごす経験は、大きな財産となることでしょう。

「講師のまとめ役であるオリー先生は、巣鴨生の英語力について『目の前に川があり、そこに橋をかける技術もあり、方法も知っている。川の向こうに素晴らしいものがあると分かれば橋をかけられる』と表現しました。英単語や文法の知識があり、コミュニケートできる力を持っているということです。この合宿で魅力的な講師と交流し、『橋をかければ彼らともっと話せる、だから英語をやりたい』と感じる経験をしてもらえたと思います」（大山先生）

視野を広げる様々なレッスン

合宿の内容を詳しく見てみましょう。基本的な１日の流れは、10名ずつの少人数授業が午前中に３つ、午後にひとつあります。午後の授業後は20名ずつに分かれて「アーツ＆スポーツアクティビティ」の時間。夕食後には日記を書く「ダイアリー」の時間の後、歌やゲームをするアクティビティも体験します。合宿期間中の指示や説明は全て６名の講師が英語で行います。

授業は、講師の得意分野を活かした内容です。例えば、外交官のトミー先生は国家リーダーのあり方について、歴史の教員であるトリスタン先生は肖像画を用いたイギリス国王と天皇との比較、ノア先生はイギリスのティータイムを紹介し実際に紅茶とお菓子を味わうなど、楽しく学

イギリスと日本を比較して考える歴史の授業

苦境からの脱出について経験談を聞く「Motivation Curve Lesson」

素晴らしい6名の講師による多彩な授業が行われました

政治の授業。いいリーダーの条件について意見を出しあっています

ディベートの授業

イギリス式のティータイムを体験する授業もありました

写真提供：巣鴨中学校

べる授業が行われました。また、ディベートの授業や、講師が自ら経験した苦境とそこからどのように脱したかを語る「Motivation Curve Lesson」もありました。

「アーツ&スポーツアクティビティ」のアーツは、エミリー先生による英語劇のレッスンです。映画「スクール・オブ・ロック」を演じることで英語での感情表現などを学びました。スポーツは、クリケットやタッチラグビーなど、日本ではあまりなじみのない競技を体験しました。

「授業では、生徒を指名して各自の考えを聞いたり、クイズ番組のようにホワイトボードに答えを書かせて発表させたりと、生徒参加型の授業が展開され、英語での交流を楽しめる内容でした。事前に用意して臨んだ日本文化のプレゼンテーションも行いました。発表について講師から感想とアドバイスが与えられるなど、ここでも身になる経験ができました」（大山先生）

今回参加した中2の安部純正さんは、「サマースクールで僕は多くのことを学び成長しました。真のエリートの先生方との6日間で会話能力や英作文力が向上したと実感しています。ほかにもイギリスの文化に触れられた経験は貴重でした。この経験を活かして英語の勉強に励んでいきたいです」と、強く感銘を受けたようでした。

また、講師のオリー先生からは「長年サマースクールで日本の学生を教えていますが、『Sugamo Summer School』は本当にユニークで例外的な経験となりました。国際的な視点を育みたい全ての生徒、そして英語と文化を学ぶ情熱を持つ人に強くおすすめします」という感想がありました。大山先生は、第1回を終えた実感として「素晴らしい人々のもとへ、生徒は実際に橋をかけて渡って行けたと思います。この経験が今後活きてくるのではないでしょうか」と語られました。

魅力的な新プログラムとなった「Sugamo Summer School」。今後の発展が楽しみです。

School Data

巣鴨中学校

所在地：東京都豊島区上池袋1-21-1
アクセス：JR山手線「大塚駅」徒歩10分、JR各線ほか「池袋駅」徒歩15分
ＴＥＬ：03-3918-5311
ＵＲＬ：https://www.sugamo.ed.jp/

英語劇のレッスンのようす

夕食後のアクティビティ

藤村女子《ふじむらじょし》中学校

「先取りと種まき」・「英語」・「世界」

学校説明会（予約不要）
11月11日 土 14:00※入試体験会
12月 9日 土 14:00
個別相談会（予約不要）
1月13日 土 14:00

所在地	東京都武蔵野市吉祥寺本町2-16-3	TEL	0422-22-1266
アクセス	JR中央線・京王井の頭線・地下鉄東西線「吉祥寺駅」北口から徒歩5分		

伝統と革新の女子教育で、時代が求める「発信力」を育む、藤村女子中学校・高等学校。今回はユニークな国際教育の一部をご紹介します。

中1からの英語4技能教育

藤村女子は、2020年度大学入試改革を見据え、中学1年からユニークな取り組みで英語4技能の習得に力を入れています。その一つが、耳で英語を覚える取り組みです。

入学したばかりの中学1年生に、毎朝10分間、担任の先生が英単語を読み聞かせ、生徒は耳から英語に触れて発音や意味を覚えます。難関高校入試でも使用する単語テキスト「英単語1600」を使い、小テストを繰り返しながら6月上旬には約400単語まで暗記します。1600単語をカバーするこの単語テキストを1年間で2回転、3年間で6回転学習し、中学2年で英検3級、高校2年で英検2級の取得を目指します。

もう一つのユニークな取り組みが、1年生がチャレンジする英語劇です。生徒たちは英単語学習と同様、先生が読み聞かせする台本を耳で覚えて約10分の英語劇を完成させます。今回は「シンデレラ」の英語劇にチャレンジし、5月27日に行われた学校説明会で受験生や保護者の方々の前で発表しました。

また、先取り学習の取り組みが早速成果を上げており、この4月に高校1年生（188名）と同じ外部模試を受験した中学3年生（特選コース1期生）のうち、英数国総合点でトップ10に2名、数学の得点のみでは、トップ10に3名が入るなど目覚ましい結果を残しています。これらの取り組みを主導する矢口秀樹校長は、前任校での経験を活かし、藤村女子に新しい教育の風を送り込んでいます。

英語を楽しむ3日間『English Days』

「English Days」とは、7月の3日間、中学生全員がネイティブの先生たちと英語を楽しむ特別授業です。今年は、全学年が12のグループに分かれてのオリジナル短編英語劇の発表会です。

1日目は、『美女と野獣』『3匹のこぶた』など、ネイティブ教員が用意した数種類の有名なストーリーを土台に、グループの仲間と考えたオリジナルの話を付け加え、新しいストーリーを完成させます。その後、ネイティブ教員のチェックを何度も受けながら英語の台本を完成させていきます。

2日目は、小道具や衣装を制作し、音

「English Days」ネイティブと小道具制作

「English Days」全員で体育館にて

楽や演技の演出を考え、午後は全グループでのリハーサル発表、その後修正点を確認し、3日目は、全12グループ本番の発表会です。3日間の大変ハードな日程ですが、作業の合間に小道具として使える景品が当たるゲームを行うなど、楽しみながら英語に触れる機会がふんだんに設けられており、生徒たちはネイティブ教員やグループの仲間たちとのコミュニケーションを楽しむようにアクティブラーニングを実践しています。

13回目の「ハワイ修学旅行」

中学3年の5月に3泊5日の日程で行われる「ハワイ修学旅行」。ハワイの、歴史や文化、地形や星空などについて事前学習でしっかりと学習し、生徒それぞれに目的を持った異文化コミュニケーションに出発します。

まず、1日目の訪問地はハワイ島です。ここでは世界自然遺産「ボルケーノ国立公園」を訪れ、1970年に流れ出て固まった溶岩の上で溶岩ウォーク体験をします。事前学習で学んだ知識を基に、どこまでも続く溶岩の上を歩き、自然の壮大さや人間の小ささを実感します。

2日目は宿泊先のコナ・リゾートでリゾート気分を満喫した後、事前学習で作ったパウスカート（フラダンス用スカート）をはいて全員でフラダンスのレッスンを受けます。ここで学んだフラダンスは学園祭等でも発表します。その後、現地のコーヒー農園を見学し、夜はスターゲイジング（天体観測）です。日本では見ることのできない南十字星や木星の衛星が観測できるので、生徒たちには貴重な体験となっているようです。

3日目はオアフ島・ホノルルにあるメリノール高校を訪問し、学校交流を図ります。その後は班ごとに現地の家庭へのホームビジットです。一緒にショッピングに出かけたり、その家庭で食事をしたりと短い時間ですがハワイのごく一般的な家庭と交流し、異文化を思いっきり体験します。このホームビジットは毎年好評で、次は高校のオーストラリア修学旅行で行われるファームステイをみんな楽しみにしています。

4日目の最終日は戦艦ミズーリの見学です。戦艦に残された戦争の傷跡をその目で確かめ、感じることで戦争の悲惨さと平和の大切さを改めて再認識します。

今春、カナダのビクトリア大学に進学した生徒もこのハワイ修学旅行がきっかけで、高校では1年間のカナダ留学を経験しました。きっとこのハワイ修学旅行で、中学3年の今でしか感じることのできない何かを感じ取ったのではないでしょうか。

戦艦ミズーリの見学

自作のパウスカートをはいて

溶岩ドームにて

全員集合 部活に注目!

京華中高の吹奏楽団は、京華女子中高と京華商業高と合同で活動する部です。高校生と一緒に活動することで、中学生から高い技術を身につけられます。中1から舞台で発表する機会があるのも大きな魅力です。

京華《けいか》中学校 吹奏楽団

京華学園3校合同で活動 ステージドリルにも挑戦

中学2年生 堀田《ほった》 流生《るい》さん

──吹奏楽団の特徴を教えてください。

京華女子中高、京華商業高と合同で活動していることが一番の特徴です。部員は合計で100名を超えていて、普段の練習や夏の合宿なども3校一緒に行います。

──どのような練習を行っていますか。

練習日は、水曜を除いてほぼ毎日です。まずはパートごとに練習をして、その後全員で合奏をするという流れです。パートは11に分かれていて、トランペットやフルート、クラリネット、木管楽器の低音パート、打楽器などがあります。

──担当する楽器は希望できますか。

希望できます。人数の関係があるので希望

△定期演奏会でのステージドリルのようす

京華中学校〈男子校〉
所在地:東京都文京区白山5-6-6
アクセス:都営三田線「白山駅」徒歩3分、
地下鉄南北線「本駒込駅」徒歩8分、
地下鉄千代田線「千駄木駅」徒歩18分
電　話:03-3946-4451
U R L:http://www.keika.ed.jp/

クリスマスコンサートでは、演奏時にサンタの帽子をかぶったり、トナカイの衣装を着たりします

文化祭

文化祭では、講堂でのコンサートに加え、学校周辺でパレードを行います

クリスマスコンサート

ダンスのパフォーマンスもあり、盛り上がります

フラッグを持ちパフォーマンスするカラーガード

ドラムメジャーはメジャーバトンを持ってバンドを先導します

一部写真提供：京華学園吹奏楽団

Symphonic Band

がとおらない場合もありますが、どの楽器になっても楽しく活動できます。僕はトランペットを担当しています。トランペットは父と兄がやっていた影響で小学生の頃に始めて、中学でも続けたいと思ったんです。

——部には経験者が多いのですか。

経験者もいますが、もちろん初心者もいます。初心者でも先輩が教えてくれるので安心です。先輩方は明るくて優しい人ばかりです。演奏についてはもちろん、勉強や学校生活についてもいろいろと相談に乗ってくれます。

——どんなことを大切に活動していますか。

楽器の音にはその時の気持ちが反映されると思うので、練習でも本番でも楽しみながら演奏するようにしています。部の雰囲気も、楽しむ時は思いっきり楽しむ、真剣な時は真剣にという感じです。

——発表の機会はありますか。

コンクールや文化祭、定期演奏会、クリスマスコンサートなど、たくさんあります。こうした発表に向けて年間約50曲練習します。コンクールも含め、中1から舞台で演奏できます。文化祭ではパレード、定期演奏会ではステージドリルも経験できます。

——ステージドリルとは何ですか。

行進したり、舞台の上を動いて様々な形をつくりながら演奏することです。楽譜を覚えなければならないし、動きを合わせるので大変ですが、いい経験になります。ステージドリルやパレードには、演奏者のほかにバンドを先導するドラムメジャーやパフォーマンスをするカラーガードという役割もあります。

——部の魅力を教えてください。

中高合同、３校合同で活動しているので、たくさんの人たちと交流できます。目上の方との接し方も自然と身につきます。練習は高校生のレベルに合わせるので大変な面もありますが、その分、技術が向上します。

——読者にメッセージをお願いします。

練習が多いので、きついと感じる時もありますが、それを乗り越えて迎える舞台発表では達成感を得られます。特に、全員の音がぴたっと合った時はとても気持ちいいです。小学生対象のクラブ体験会もあるので、ぜひ来てみてください。好きな楽器を体験できて、先輩たちと一緒に演奏もできますよ。

スーザフォンやトランペットなどの金管楽器をはじめ、弦楽器、打楽器など、様々な楽器を使ってひとつの曲を演奏します

楽器

私学の図書館

vol.34

ただいま
貸し出し中

みなさん、読書は好きですか？
私学の図書館では毎号、有名私立中学校の先生方から「小学生のみなさんに読んでほしい本」をご紹介いただいています。ぜひ一度、手にとって読んでみてください。

東洋英和女学院中学部

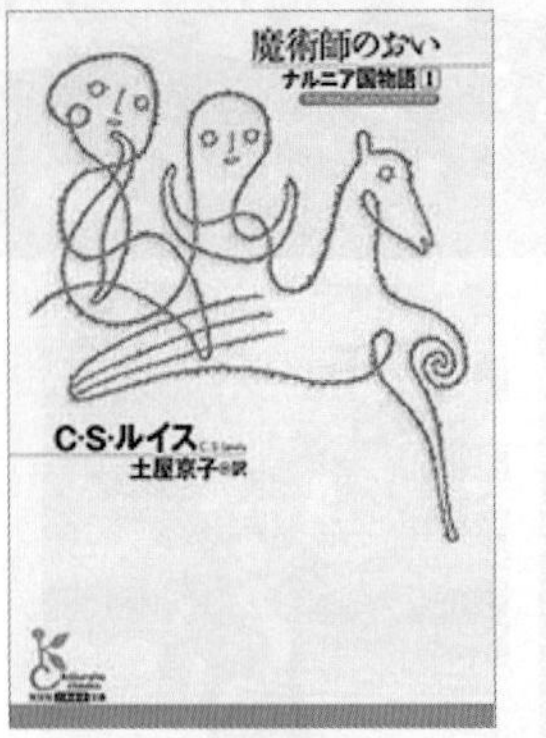

「ナルニア国物語①
魔術師のおい」

著　者：C・S・ルイス
訳　者：土屋京子
価　格：680円＋税
発行元：光文社古典新訳文庫

魔法の指輪で異世界に迷い込んだディゴリーとポリーは、廃都に眠る悪の女王を誤って復活させ、ロンドンに連れ帰ってしまう。女王を元の世界に戻そうとするが、入り込んだのはまた別の世界。そこでは今まさに一頭のライオンが新しい国を創造しようとしていた。ナルニア最初の冒険！

先生からのコメント

少年少女のために書かれたナルニア国物語が、「今、息をしている言葉で」新しく翻訳され文庫サイズになりました。時系列順に初巻は「魔術師のおい」から始まります。みなさんも一歩足を踏み出して、新しい冒険の旅に出かけませんか？

（司書教諭　富岡 暢子 先生）

蔵書約50,000冊の木のぬくもりあふれる図書室は校舎の2階にあり、休み時間や放課後には本を選ぶ生徒や、静かに自習する生徒が多く見られます。毎週月曜日に新着図書が入るのを楽しみにしている人も。洋書は約2,000冊に増え、よく利用されています。

世田谷学園中学校

「生物から見た世界」

著　者：ユクスキュル／クリサート
訳　者：日高敏隆／羽田節子
価　格：660円＋税
発行元：岩波文庫

甲虫の羽音とチョウの舞う、花咲く野原へ出かけよう。生物たちが独自の知覚と行動でつくりだす〈環世界〉の多様さ。この本は動物の感覚から知覚へ、行動への作用を探り、生き物の世界像を知る旅にいざなう。行動は刺激への物理反応ではなく、環世界あってのものだと唱えた最初の人ユクスキュルの、今なお新鮮な科学の古典。

先生からのコメント

「自分が見ている空の『青』と他の人が見ている『青』は同じなのかな？」そんなことを考えたことはないだろうか。――では人間とミミズでは？生物学者ユクスキュルは「人間が見ている世界と他の生物が見ている世界は違うはずだ」と考えた。これは、世界の多様性を拓く冒険の本だ。

（国語科　小峰 隆広 先生）

蔵書は約20,000冊、図書の年間購入冊数は約1,000冊です。図書の更新に力を入れています。生徒利用に関しては、昼休み・放課後には、読書・自習の利用が多く見られます。また、英語の授業での利用もあり、英語の絵本や児童書・小説なども蔵書とは別に1,200冊ほど揃えています。

明治学院中学校

「いのちのギフト
犬たちと私から送る勇気のエール」

著　者：日野原重明
価　格：1,500円＋税
発行元：小学館

保護犬や老犬、被災した動物のいのちの重み。盲導犬や犬ぞり犬など実在する犬と人との深い絆。ホスピスや小児病棟でのセラピードッグと患者さんとの静かな触れ合い。そして愛犬との別れがもたらす希望の力…10のエピソードには、日野原流「いのちの名言」と共に、犬たちの勇気といのちから学ぶ幸せの意味が込められています。

先生からのコメント

「世界に知れわたった犬の話」「保護犬やセラピー犬などいのちの尊さを学ぶ話」、創作童話など、犬と人との愛ときずなの10のお話です。動物や人のいのちの大切さ、お互いに思いやることなどを考えるきっかけになるでしょう。ところどころに犬の写真も載っています。

（司書教諭　青野 由美 先生）

明るく開放的な雰囲気の図書館で、中高生が共に利用します。蔵書数は約64,000冊。自宅からも蔵書検索ができます。生徒たちの読書、学習、行事、学校生活の支えの場であり、ほっとできる居場所にもなっています。ヘボン祭（文化祭）の図書委員会展示と「ミニ・ビブリオバトル」が好評です。

埼玉栄中学校

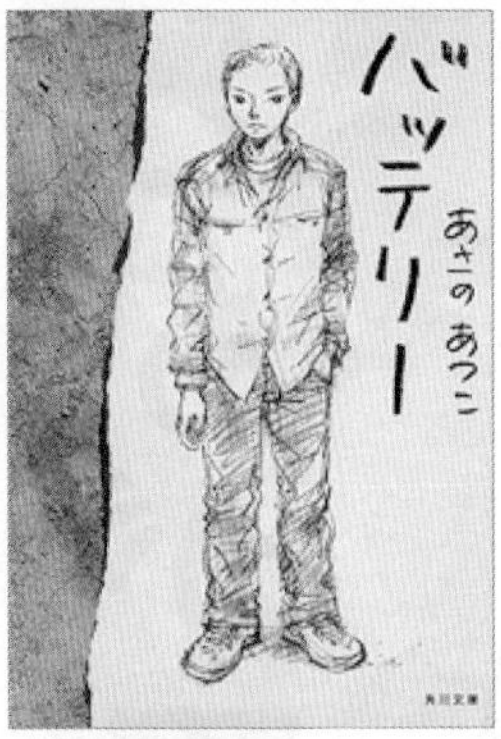

「バッテリー」

著　者：あさのあつこ
価　格：520円＋税
発行元：KADOKAWA（角川文庫）

中学入学を目前に控えた春休み、父の転勤で岡山の県境の街に引っ越してきた巧。ピッチャーとしての自分の才能を信じ、ストイックなまでにセルフトレーニングに励む巧の前に同級生の豪が現れ、バッテリーを組むが…。

先生からのコメント

野球を通して、自分のこと、人との関わりについて考えさせられる作品。友情だけでなく、家族愛にも触れ、信頼関係とは何か、少年たちの心情が丁寧に描かれています。登場人物の立場にたたされた時、自分だったらどうするか、問いかけて読み進めていくのも面白いでしょう。

（図書館司書　足立 知絵 先生）

中学・高校共用でキャレルデスクが約200席あり、読書と自習に最適。テーブル席は調べ学習に使用しています。蔵書は約35,000冊で、医学の本やスポーツ関連の本も充実しています。また、系列校間で相互貸借を行っていて、合わせて100,000冊の所蔵となり、多くの生徒が利用しています。

和洋国府台女子中学校

「つむじ風食堂と僕」

著　者：吉田篤弘
価　格：680円＋税
発行元：ちくまプリマー新書

少し大人びた少年リツ君12歳。つむじ風食堂のテーブルで、町の大人たちがリツ君に「仕事」の話をする。リツ君は何を思い、何を考えるか…。人気シリーズ「月舟町三部作」番外篇。

先生からのコメント

将来・仕事に悩み考える12歳のリツ君。彼が考える場所として選んだのが「つむじ風食堂」です。そこで出会う大人たちに『仕事は何ですか？』と質問します。大人たちは自分の仕事について真剣に答え、また自分自身についても考えます。仕事とは？の答えに少し近づける1冊です。

（図書館司書　最首 友利代 先生）

蔵書数80,000冊。インターネット利用も可能、調べ学習に最適な環境です。個別学習コーナーも設置されています。

横浜雙葉中学校

「いのちつぐ「みとりびと」①
恋ちゃんはじめての看取り
おおばあちゃんの死と向きあう」

著　者：國森康弘
価　格：1,800円＋税
発行元：農山漁村文化協会（農文協）

【シリーズ】おおばあちゃんを看取る小学生、故郷の自宅で最期を迎えたおばあちゃん、在宅医療を支える医師の営みなどを通して看取りの現場を活写。あふれんばかりの生命力と愛情―「いのちのバトン」をしっかりとリレーした、あたたかな看取りの世界、人の絆を臨場感豊かに描く写真絵本。

先生からのコメント

最後の日まで自分らしく命をまっとうする思いと、それを受け入れて支える人たちの思いが、簡素な文と写真でつづられます。避けられないお別れに涙が止まりませんが、それぞれのあたたかな看取りを通して、つながっていく「いのちのバトン」を感じていただけたらと思います。

（司書教諭　渡辺 麻衣子 先生）

自然光を取り入れた明るい図書館で、休み時間や放課後は勉強や待ち合わせなど生徒が集います。蔵書数は約56,000冊。座席数150席。PCが60台あり、ネットや新聞データベース、書籍、雑誌を組み合わせた調べものが可能です。総合学習を始め、各教科での利用もされています。

成城中学校

「進化くん」

著　者：マラ・グランバム
訳　者：早川いくを
価　格：1,500円＋税
発行元：飛鳥新社

生命の進化を司る「進化くん」は、日々新しい生物の創造にいそしむ…が！！！どうしてもまともに作れない進化くん。盟友「生物多様性くん」のツッコミが今日も今日とてこだまする。生物のおかしなデザイン、ムダな能力、ありえない配色を擬人化された「進化くん」が自ら解説します。
累計55万部のベストセラー「へんないきもの」シリーズの早川いくをさんが初翻訳。

先生からのコメント

珍しい生き物達の写真に進化くんと聞き手の生物多様性くんの「ぶっちゃけ」トークが展開する。38億年奮闘してきた進化くんは、巻末「インタビュー」で「僕はただ炭素に始まって炭素に終わる（中略）複雑なプロセスをつくりだしているだけ」と。生命と進化の神秘にやさしく“触れる”本。

（司書教諭　吉成 弓子 先生）

全体のブルーとレモンイエローのカーテンが爽やかな印象の図書館です。窓側のカウンター席は自習の人気コーナー。創立から133年目を迎えた本校の蔵書は、古書から最新の出版物まで約35,000冊。新聞6紙と38種の雑誌には、昼休み毎日通うファンもいます。

子どもが言うことを聞かないなぜ!

子どもが言うことを聞こうとしない、
何を話しても伝わらない。
強く言えば、ケンカになってしまう。
なぜなんだろうと悩む親御さんが少なくありません。
親子だけでなく夫婦でも
思ったことをうまく伝えるのは難しいものです。
そんな時に、「あなたメッセージ」と
「私メッセージ」の違いに気づくとコミュニケーションが
スムーズになるといいます。
こうしたコミュニケーションのコツを
臨床心理士の的場永紋さんに話してもらいました。

イラスト／宮野耕治

的場永紋
まとば・えいもん
臨床心理士。東京都スクールカウンセラー。埼玉県の総合病院小児科勤務。個人でも相談室をやっており、子どもから大人まで幅広く心理支援を行なっている。

子どもを伸ばす子育てのヒント CASE 21

「伝える」だけでなく同時に「聴く」のが大事

毎日、慌ただしく過ぎ去って行く中で、親子のコミュニケーションをきちんととっていくのは難しいものです。

コミュニケーションがうまくいかない原因の多くは、自分の気持ちがうまく相手に伝わっていないこと、相手の気持ちを理解していないことから生じています。

コミュニケーションで大事にな

るのは、「自分も相手も大切にした自己表現」です。単に、自分の考えを相手に自己主張することとは違います。自分の想いを大切にして「伝える」だけでなく、同時に、相手の想いも大切にして「聴く」ことも含まれています。

　具体的なやりとりで考えてみましょう。まず最初は、うまくいっていないコミュニケーションの例です。

　学校から帰宅してしばらく経つのに、なかなか勉強を始めない子どもを見て、母親はイライラします。

母「いつまでスマホ見ているの！勉強はしたの！」

子「うるさいな」

母「何なのその態度は！」

子（チッ）とイラついた態度を示す。

母「まったく。それじゃあ、どうせ絶対受からないわね」

子「うるせー。今からやるところだったんだよ！」

母「いつもそう言って、結局、やってないじゃないの。本当に何度言ってもダメね。」

子「お前がうるさいからだ！」

母「お前とは何よ！やらないから言っているんでしょ！」

　子どもはイラついて、その場を離れて、勉強に向かおうとするが、怒りが収まらず、集中できない。母親も、イラつきながら、家事を再開しつつ、「こんなはずじゃなかったのに」と後味の悪い感じを残したままです。

コミュニケーションで
大事なこと
自分も相手も大切にした自己表現
自分の想いを大切にして「伝える」
相手の想いも大切にして「聴く」

　そこへ、夫が帰宅してきて、妻はすぐに会話を始めました。

妻「太郎のことだけども、何とか言ってよ！」

夫「なんだよ！いきなり帰ってきて早々に」

妻「なんだよとは何よ！どうしていつもそうなの？」

　夫がうんざりした表情になったのを見て、

妻「あなたはいいわよね！仕事だけを気にしてればいいのだから」

　夫は怒りを抑えながら耐える。何も言わない夫にイラつき、さらに

妻「そもそもあなたがスマホを買ったから、こうなったんでしょ！」

夫「お前もいいって言ったじゃないか！お前が口うるさ過ぎるんだよ」

妻「何！私が悪いっていうの。じゃあ、いいわよ。あなたには何も期待しないから！」

　夫はその場を離れていきます。

　残された妻は、苛立ちを残したまま、やはり「こんなはずじゃなかったのに」とさびしさを抱き、落ち込みます。本当は、妻としては、太郎のことを夫と一緒に相談したかっただけなのに、口論になってしまい、後味の悪い終わり方になってしまっています。

　このような、後味の悪さがお互いに残ってしまうようなやりとりは、どの家庭でも、大なり小なりあるのではないでしょうか。すれ違いのコミュニケーションは、お互いの自己表現の仕方がうまくいっていないことが原因です。

会話のなかに隠された主語に重要な違いがある

　日本語のやりとりでは、主語は省略されやすいため、普段はあまり意識されないのですが、会話の中で主語が隠れています。

　例えば、先の親子のやりとりの例では「（あなたは）いつまでスマホ見ている！（あなたは）勉強はしたの！」というように「あなた」という主語が省略されています。このような「あなたが主語になっているメッセージ」を「あなたメッセージ」と言います。

　これとは逆に、「私」が主語になっているメッセージを「私メッセージ」と言います。「私はこんな

「あなたメッセージ」と「私メッセージ」の違い

「早くしなさい」→「（私はあなたが）遅れてしまわないか心配だわ」

「勉強したの！」→「（私はあなたが）勉強しないで大丈夫か不安だわ」
「（私はあなたを見ていると）このままで合格できるか心配になるの」

「もっと頑張りなさい」→「（私はあなたが）もっと頑張ってくれるとうれしい」

気持ちなんだ」「私はあなたにこうしてほしい」「私はあなたにこれをやめてほしい」など、自分の気持ちや考えをきちんと「私は」を主語にして明確に伝えることです。

「あなたメッセージ」は、相手の言動や行動が語られることから、相手は、そのことを非難されたと受け止めがちです。「あなたメッセージ」に対しては、自分を守るために、黙ったり、言い訳したり、攻撃的に対抗したりすることになります。口論やケンカは、ほとんどお互いに「あなたメッセージ」のやりとりになっています。

一方、「私メッセージ」の場合は、話し手自身の気持ちや考えを伝えるため、相手に受け止められやすくなります。「私メッセージ」で伝えた後に、相手がどんな気持ちや考えを持っているのかに耳を傾ければ、口論やケンカになりません。

例えば、「私はあなたがいつ勉強始めるのか心配なんだけども」「私はあなたがスマホを見過ぎだと感じているけど、あなたはどう？」などです。夫とのやりとりでは、「私、太郎の勉強のことで心配しているの」といった言い方です。

「私メッセージ」で伝えることに慣れていない場合は、なかなか難しいかもしれません。というのも、「私メッセージ」で伝えるためには、自分の気持ちや考えを自覚しておくことが必要だからです。自分の想いが曖昧だと、なかなか私メッセージが思い浮かびません。まずは、心の中で生じている感情を把握することです。

怒りやイライラの背景に「〇〇すべき」との意識が

あるいは、自覚しづらい怒りやイラつきの感情を持っていることもあります。怒りの背景には「相手に対する暗黙の期待」が隠れていることが少なくありません。

ついつい「あなたメッセージ」が多くなってしまうのは、その背後に「〇〇すべき」という思い込みがあるからです。

先の夫婦の例では、夫は「帰宅したら、まず夫をゆっくりと休ませるべきだ」という思い込みがあったために、そのように行動しない妻に対してイラついたのでしょう。それを「何だよ！」と直接返してしまっています。ここで、「今帰ってきたばかりで疲れているから、まず休ませてくれないかな」「その後で話し合うのでいい？」と自己表現できていれば、

「私メッセージ」

**話し手自身の気持ちや考えを伝えるため、
相手に受け止められやすくなる。
その上で相手がどんな気持ちや考えを
持っているのかに耳を傾ければ、
口論やケンカにならない。**

「あなたメッセージ」

**相手は、非難されたと受け止めがち。
そこで、自分を守るために、黙ったり、言い訳したり、
攻撃的に対抗したりする。
口論やケンカは、ほとんどお互いに
「あなたメッセージ」のやりとり。**

子どもを伸ばす子育てのヒント

もっとお互いが肯定的なやりとりができたでしょう。

　相手に対して、イラついた時には、「私は相手に何を期待しているのだろうか?」と冷静に考えてみる時間を作ることが大切です。

　また、「子どもは親の言うことを聞くべきだ」「口答えすべきでない」という思い込みが強ければ、子どもの反論や親と違う考えを、自分に対する「口答え」ととらえてしまいます。その思い込みがなければ、子どもに反射的に反論せずに、相手の想いや意見を聴く姿勢を持つことができるはずです。

「自分（親）と相手（子ども）は感じ方も考え方も違うこと」そして「違うことは決して間違いではないこと」、「お互い違うからこそ、わかり合うためのコミュニケーションをする必要があること」を忘れないでおくことが大事です。

　また、「いつも」や「絶対」といった断定的な言い方をしないことも大切です。断定的に言われた相手はより強く言い訳や自己弁護したくなってしまいます。また、「どうせ」という投げやりな言葉も、相手に拒絶されたという想いだけが残ってしまいので、ふと口にしてしまわないようにしたい言葉です。

「どうして～?」「なんで～?」といった疑問形での伝え方も、何が言いたいのか曖昧になりがちになり、口調が強ければ責められたと受け止められやすくなります。代わりに「～について教えてほしい」「～について知りたい」と落ち着いて伝えることです。

　また、いきなり話し合おうとするのではなく、「あなたが時間のある時に、相談したい」と相手の都合をたずねて、お互いがしっかりと話し合える時間や場所を設定することも大事なことです。こうした場面設定がコミュニケーションをスムーズにします。

「だけど」「けれども」って自分の意見ばかり…。

結局、親の期待通りでないとダメってことでしょ…。

親はいつも「あなたのこと、わかっているから」「あなたのしたいようにしていい」と言っているのに、いざ、私が「○○にしたい」「△△はしたくない」「××はやめたい」と話したら、「だけど」「けれども」って自分の意見ばかり…。**結局、親の期待通りでないとダメってことでしょ…。**私の気持ちや意見なんて、関係ないんでしょ！！

（小学6年生）

アドバイス

親としては、耳が痛い子どもの本音ですね。子どもの意見を聞いた上でも、「けれども」と逆接の接続詞を使ってしまうと、その前の子どもの意見を全否定したと、相手に受け取られてしまいます。たしかに、**子どもの思い通りにさせたいと思いつつも、親の方の本音としては、子どもにより正しい道、より幸福になる可能性が高いと親が思う道を歩んでほしいものです。**子どもの“こうしたいという想い”と、親が“こうさせたいという想い”がぶつかるからこそ、子育ては難しいのだと思います。その難しさを忘れずにいることも大切なことなのだと思います。つい、**子どもの想いをわかったつもりになってしまったり、あるいは子どもの将来のこともわかったつもりになってしまったりしがちです。**むしろ、「子どもの気持ちをわからない」「子どもの将来もどのように歩めば幸せなのかもわからない」からこそ、**お互いに悩みながら、対話していくことが必要なのだと思います。**

子どもの本音

子どもに親の想いを伝える際に気をつけたい『だけど』『けれども』

3 「○○したい」「△△したくない」などの子どもの主張に対して、まずその理由を聞いてみる。例えば「○○というには、あなたなりのもっともな理由があるのだと思う。それを知りたいわ」と言った言い方。

4 そして、その理由に対して、『だから』『そして』といった順接の接続詞を使って、親の意見を伝える。「××の理由で○○したいのね。だから、私は～と思うのだけも、あなたはどう思う？」といった具合に。

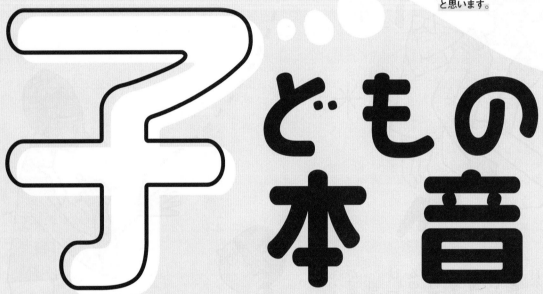

ココロとカラダの特集

的場永紋先生の

親の悩み

**親が子育てに悩んでいるとしたら、
子どもにも、不満や悩みがあります。
このコーナーではその親の悩みと
子どもの本音の両方に対して、
的場永紋先生が臨床心理士の立場から
アドバイスします。**

小4の娘が 自分の気持ちや考えを主張することが少なくて、心配です。

アドバイス

自分の本心を言うことで非難されないか、相手の機嫌を損なわないかどうかを過度に気にして、非主張的になっている場合があります。このような場合、周囲に合わせて、過度に自分を抑えすぎることによって、自発性や個性を発揮できる機会を失っているといえます。

まずは、**ご家庭で、子どもが自分自身で選択・決定できる機会を増やしていきましょう。**服や筆記用具、読みたい本などを自分で気に入ったものを選ばせます。祝日のお出かけや夕食のメニューなどについて、「どこに行きたい?」「何にしたい?」「何食べたい?」など、本人の意見を述べる必要がある質問で聞いてみることです。それに対して、「どこでもいい」「何でもいい」と曖昧な返答の場合は、「○○と△△とだったら、どっちがいい?」と選択肢を示し、子ども自身に選択させます。「○○にする?」と一つの選択肢だけを提示して、「はい/いいえ」で答えさせる質問は、相手の期待に合わせる返答になりがちなので、あまり使わない方がいいでしょう。

逆を言えば、**親が「○○がいいじゃない?」「○○にしなさい」「△△はよしなさい」などの言葉がけが多くなっていないかを振り返ってみることも大切です。**また、子どもが自己決定した後に、実は親が反対の方を希望していても、「こっちの方がいいんじゃない」などと、決定をひっくり返すようなことを言ってはいけません。

子どもが興味や関心をもっていることだと、自発的に話題にしてくることがあるものです。親がその話題について好奇心を持って聴くことが大切です。お子さんが「自分を表現して、それが他者に伝わる喜び」、「相手から受け入れられたという実感」を積み重ねていくことによって、積極的に自己表現できるようになっていきます。

1

『だけど』『けれども』(逆接の接続詞)を使わない。

2

逆接の接続詞を使いたくなった時は、こちらがつい反論したくなっている。そこに注意。

集中力を高める子ども部屋の照明術

お子さんの部屋の照明はどうしていますか。照明は人の体に様々に影響を与えるので、照明を工夫することで、脳を覚醒させて集中力を高めたり、逆にぐっすり眠れたりするのだそうです。ちょっとした照明術で学習しやすい環境を整えることもできるのです。

文／深津チヅ子　イラスト／the rocket gold star

光に反応して体内リズムが変動

勉強する時は目を悪くしないよう明るくしなさい。おそらく多くの親御さんがそう言われて育ち、わが子にも同じように伝えてきたのではないでしょうか。しかし、やみくもにただ部屋を明るくすればいいというものではなく、照明をうまく使いこなせば、良質の睡眠がとれたり、学習時の集中力アップにもつながると教えてくれるのは、照明とヒトの生理機能の関係を研究する九州大学大学院芸術工学研究院の安河内朗教授。

「目から入ってきた光は網膜に達すると、二つの大きな役割を果たします。ひとつは、〝見る〟視覚反応に。もうひとつは、脳の奥深いところまで光の情報が入り込んでいき、体内リズム、内分泌系、自律神経系、中枢神経系、運動系、免疫系など、体のほとんどの機能に影響を与えているのです」

中でも日々の暮らしに直接関わってくるのが体内リズムへの影響です。そもそも私たちヒトは昼行性で、陽が昇れば活動的になり、暮れると活動をセーブして体温を下げエネルギーを温存するようにできています。この体内リズムは光に同調しています。

脳の視床下部には視交叉上核という部分があり、ここが光に反応して、体内リズム、別の言葉で言えば、体内時計の司令塔の役割を果たしています。体内時計は24時間より少し長めの周期をもっていますが、この微妙なズレは朝の光を浴びることでリセットされます。

いっぽう脳の松果体と呼ばれるところからは睡眠に関係するといわれるホルモン、メラトニンが分泌され、光を浴びると分泌は抑制され、夜暗くなると分泌が促進されます。朝の光で体内時計がリセットされると、それを合図にメラトニン分泌は最小となって体は活動モードに。目覚めて14～16時間経つとメラトニン分泌の指令が出て徐々に睡眠へと誘われ、体はくつろぎモードに変わるわけです。

このように光に反応して体のリズムは刻まれているのですが、私たちの体は太陽光に限らず照明の光にも同じように反応するため、夜になっても煌々と明るい光を頭上から浴び続けると、メラトニン

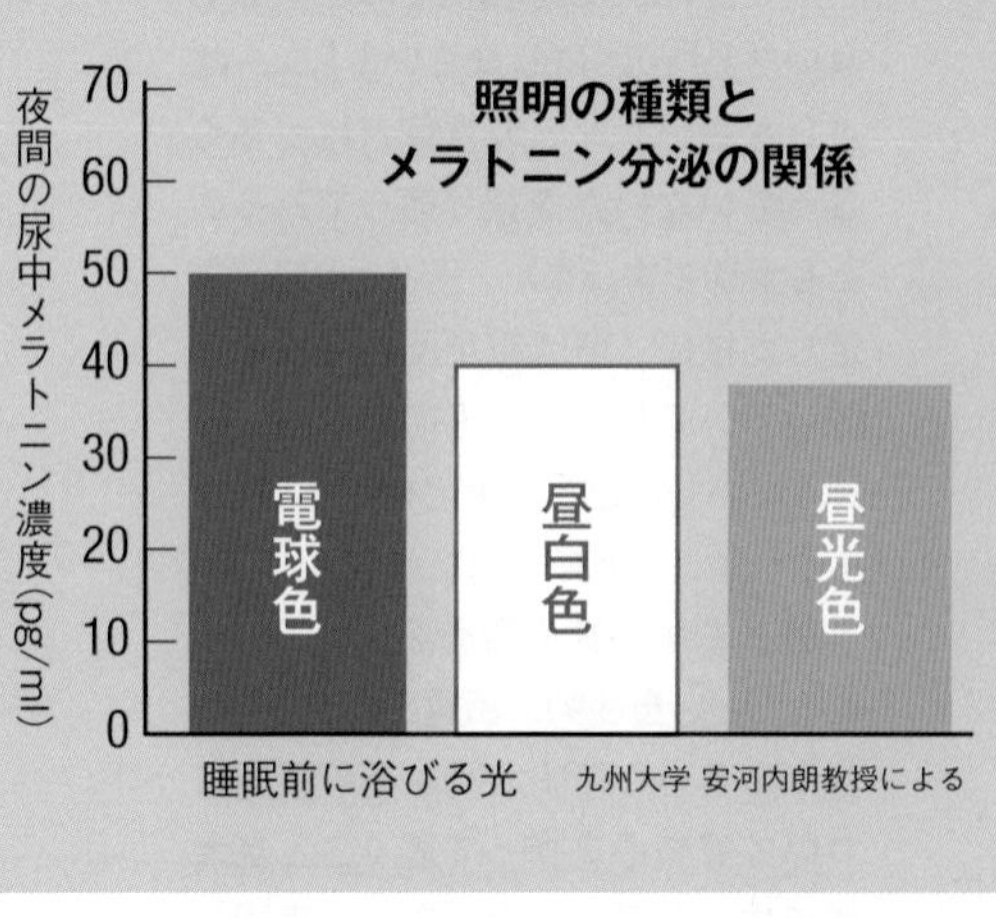

の分泌が抑制されて活動モードからの切り替えがスムーズにできず、体内リズムは崩れてしまいます。とはいえ、照明なしで暮らすわけにいきませんから、その性質を知り、光をコントロールすることがリズムを守るうえで大切になってきます。とくに子どもの目は水晶体の透明度が高くて光の影響を受けやすいため、大人より配慮が必要なのです。

まずは睡眠との関わりを見てみましょう。照明の光は、色味別に電球色、昼白色、昼光色の3種類に大別され、寝る前にどの光を浴びたかで睡眠の質が左右されると安河内先生は説明します。

「寝る2時間前に3種類の光をそれぞれ浴びて、消灯後の睡眠中のメラトニンの分泌量を測定したところ、明らかな違いが見られ、電球色の光で最もメラトニン分泌量が多かったのです。睡眠中の深部体温を計測した調査でも同様に電球色を浴びた後が最も下がっており、体が休息状態に入り深い眠りに入っていることを脳波が示していました」

ぐっすりと眠って良質の睡眠をとり、翌朝すっきり目覚めるには、寝る前は電球色の光環境がいいということになります。

学習する場合の照明はどうでしょうか。

「電球色の照明は、メラトニン分泌を減少させないくつろぎモードの光で眠気を誘いますから、学習には不向き。1～2時間だけ短期集中で勉強したいという時は、昼白色や昼光色の照明を使って覚醒を促すのがいいのでしょう。ただし、就寝直前まで昼白色を使うのは睡眠の妨げになるし、連続3時間を超えるような長時間学習や作業になると、昼白色の白っぽい照明では活動モードのスイッチが入ったままですから、疲労がたまりミスを連発。集中力が続かないことが実験で確認されているので、何らかの配慮が必要になってきます」（安河内先生）

照明の切り替えで効率を高める

では、無理なく子どもたちが勉強を続けられ、集中力アップにつながる照明はどのように整えるのがいいのか。〝灯りナビゲーター〟として、快適生活を送るための照明の使い方を提案している結城未来さんは次のようにすすめます。

「効率よく勉強を続けるには、照明を使い分けることです。学習スタンドには、光色の切り替え機能があるLED電球を使用し、勉強中は昼白色、もしくは昼光色にして脳を活動モードにし、休憩時間にはくつろぎモードの電球色にします。切り替えられない場合は、リビングなど電球色の照明を使った部屋で休憩をとるといいでしょう。照明の色を意識すれば、たった10分間の休憩でも疲労感が和らぎ、リフレッシュされた頭で再び学習モードに入っていけます」

フローリングに使われる木の素材には、エネルギーの強い短波長の光を吸収して光を和らげる効果があるので、子ども部屋が木製フローリングなら、休憩時間だけ部屋の灯りを消し、学習スタンドを床に置いて間接照明のように床を照らして過ごすと、スタンドが昼光色でも脳を休めることができると結城さんはアドバイス。寝る前も、この方法でくつろぐことを結城さんはすすめます。

前述したように、就寝前は電球色の柔らかい光に包まれることが良い眠りのための条件になりますが、同じように学習スタンドを移動させるだけで理想の環境は作り出せます。就寝30分前になったら、目に直接光が入らないように天井のシーリングライトは消し、床に置いた学習スタンドの間接照明だけにします。光の環境が整うことで、眠りの信号が脳に伝わりやすくなり、スムーズに眠りのモードに入ることができます。こうした環境作りは子どもには難しいので、親御さんの手で調整してあげてください。

親子で

ココロとカラダに効く呼吸法

Vol.
5

前向き思考にチェンジ「オープンハート呼吸」

勉強を続けると、頑張っても思うような結果が出ず、焦ったり、気持ちが落ち込んで不安になるときもあります。そんなときにカラダは、緊張して肩が猫背に、胸がちぢんで呼吸が浅くなっています。今回は、身近なものを使いながら、胸と肩の緊張をゆっくりほどいていきましょう。深くて質のよい呼吸を取り戻すと、気分が明るく快活になります。ちょっとしぼんでいた「やる気」も復活。また、ココロを開く効果が期待できるため、聞き取りや理解力といった「コミュニケーション能力」を磨くにもおすすめです。

教えてくれたのは

畑中麻貴子先生

ヨガインストラクター＆ライター。ヨガや太極拳、気功、ソマティックスなボディワーク、セラピー、食など東西のさまざまな学びを通じ、いかに自分の身体と仲よくなり、本来持っている「健やかさ」を培っていくのかを探求中。
http://ygyp.blog.fc2.com

写真／瀬戸正人
衣装協力／リアル・ストーン

できるだけ
シワのないよう、
きれいに丸めます

大きめのバスタオルかブランケットを用意して、筒状に丸めます

ゆっくり息を
吐きながら

尾骨の上あたりにタオルのはしがくるよう座り、その上に寝転びます

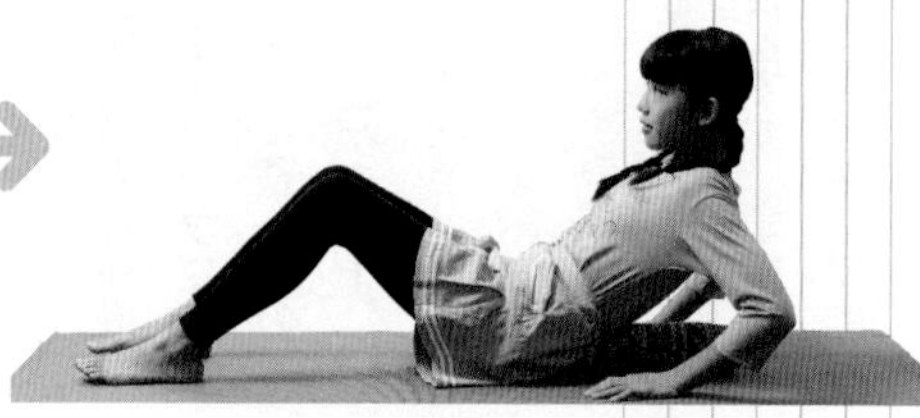

タオルが背骨にまっすぐ沿うように寝るのがポイントです

ポイント
手のひらは上向き。頭と肩先をマットにおろし、ゆっくり目を閉じてこのまま3～5分。肩と胸をじゅうぶんに広げます。

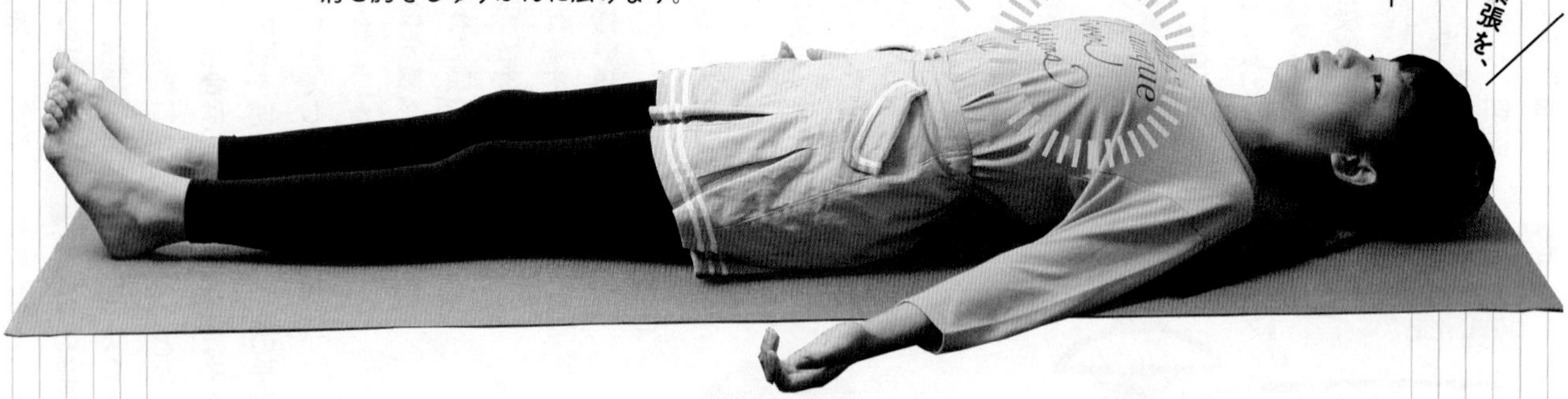
カラダの緊張を、
吐く息で
ゆるめます

親子でのびのびオープンハート！

背中合わせで座ります。写真のように、一方は正座になり両腕を挙げます。一方はひざを開いて座り両腕を挙げて、後ろの人の手首をつかみます。
手首をつかんだ側が前屈すると、後ろの人の、胸、肩、背骨が伸びてストレッチされます。交代して行いましょう。

息を吐きながら、
前にたおれます
チカラをぬいて、
気持ちよく深呼吸

友だちと服を交換する6年生の女の子
「自分じゃない人になっちゃいたい」

**保健室は子どもたちにとって大切な居場所です。
そこでは、担任の先生や親の前とは違った顔を見せてくれます。
子どもたちの今を、保健室よりお伝えします。**

文／五十嵐 彩・いがらし あや　東京都内の公立小学校で養護教諭
イラスト／ふじわら かずえ

週に3日、次の週も2日 洋服を交換して登校した

朝、いつものように「おはよう！」と声をかけながら子ども達の登校の様子を確認していたときのことです。ふと、私の傍らに寄って来た6年生のレイナの雰囲気がいつもと違うことに気がつきました。「あれ？今日はいつもと雰囲気が違うね。洋服が大人っぽいね」と声をかけると**「わかる？マキと洋服を交換したの」**と言います。隣にいるマキを見ると、いつもレイナが着ているショートパンツにTシャツという格好をしています。「どうしたの？」「昨日遊んでいた時に交換して学校に行こうってことになって、お互いの洋服を交換したの」と言って二人とも少しウキウキした様子で話をしてくれました。お互いが了承しているようでしたし、おしゃれ願望や遊びの一環だと思って、この日は特に気に留めずにいました。

次の週になると、レイナは違う友だちとも洋服を交換して登校しました。その週に3日、次の週も2日洋服を交換してきました。ある日、レイナと同じクラスの女子が保健室にやってきたので、何気なくレイナのことを話題にしました。すると、レイナは、習い事でやっていた金管楽器を急にやめてしまったこと、深夜アニメにハマり録画して家でずっと見ているということがわかりました。洋服交換のことを聞くと、何度もやったら親に注意されるかもしれないので自分たちは一回しかしていないのだとも話していました。ある日、担任に頼まれて保健室へ届け物をしにレイナがやってきました。**「2分だけ休憩させて〜」**とぬいぐるみを抱きながらソファにゴロゴロし始めました。「2分ね」と言いながら様子を伺っていると、ぬいぐるみに「○○だよね」「もう、○○だよ」と小声でぼそぼそ話しかけ始めました。「ぬいぐるみに悩み相談？」と聞くと「そうだよ、ねー」とごっこ遊びのようにしています。

自分以外の存在になれば 認めてもらえるとの思い

「今日は自分の洋服着てるの？」「今日はナオちゃんと交換した」「似合ってるね」「そうかな」とぬいぐるみをいじりながら答えていましたが、しばらくすると小声で**「自分じゃない人になっちゃいたい」**と言いました。「自分じゃない人？」と聞き返すのと同時に、「冗談、ウソ、なんでもない。もう、教室に戻るね」とそそくさと保健室を出て行ってしまいました。

放課後、担任に保健室でのことを話しました。そして、習い事をやめるかやめないかで親子げんかをしていたこと、その時は全てにやる気がなくダラダラとしていることが多く、授業にも全く集中できていなかったと聞きました。その時に比べたら、現在は、友達と楽しそうに笑いあったり、授業も前向きに受けたりしているということでした。しかし、習い事をやめるかやめないかで揉めたときに、お母さんに**「レイナの言っていることが信じられない」「今まで積み上げてきた信頼を失った」**ということを言われたようで、依然親子の間には見えない壁があるようだとも教えてくれました。きっと、お母さんは習い事を続けてほしい一心で、厳しく説得してしまったのだと思います。

表面的には明るく取り繕っているレイナですが、**「自分を認めてもらいたい」**という気持ちをどのように表出してよいのかわからず、自分以外の存在になれば認めてもらえるかもしれないと思い、洋服交換という行動をしていたのかもしれません。その後、しばらくして洋服交換をすることはなくなり、現在ではアニメのキャラクターを描くことにハマっています。絵が上手なので、クラスの女子にあれもこれもと頼まれて嬉しそうに忙しくしています。自分の好きなこと、やりたいことをする充実感を少しずつ味わっている最中なのだと思っています。

自分を否定されたら大人でも苦しくなります。子どもだからその苦しみが半分ということはないでしょう。日頃から、**「あなたは大切な存在なのだ」**とメッセージを送り続けられるような養護教諭でありたいと思っています。

子どもたちの名前は仮名です。個人が特定できないように事実関係に手を加えている場合があります

ココロとカラダを育てる＋《プラス》1レシピ

—第5回—

寒さ対策のメニューで風邪に負けない体を

これからはどんどん寒くなっていきます。
そんな時こそ、風邪予防が大切です。
ニラ、ネギ、ごま油、生姜といった食材を使い
ビタミンが豊富で体があたたまるメニューを考えました。
夜食でも緑黄色野菜をとってください。

ニラ、ネギ、ごま油で体をあたためて発汗させよう

ニラだれ混ぜ混ぜチャーハン

材料（2人分）
ご飯…2膳　にら…1/4わ
カラーピーマン…1/4個
ねぎ…1/4本　ごま…適宜
たれ　しょうゆ…大さじ1
　　　ごま油…小さじ1
　　　砂糖…少々

作り方
❶ にらとねぎ、ピーマンをみじん切りにして、たれ材料に漬ける。数時間から一晩おくと、味がなじむ。もし、辛みや匂いが気になるなら、にら、ねぎ、ピーマンをさっと茹でてもいい。
❷ 熱々のご飯に汁気をきった❶を混ぜて皿に盛り、ごまをふる。

岡本正子先生

管理栄養士・国際薬膳士。助産院で食育講座や講演会、講習会などをおこなっている。著書に『子どもが元気に育つ毎日の簡単ごはん』（学陽書房）、『びちくでごはん』（子どもの未来社）などがある

写真／田口周平

子どもが喜ぶ夜食で緑黄色野菜がとれる

胃腸に負担をかけない　かぼちゃのミルク粥

材料（２人分）
ご飯…１膳
かぼちゃ…70g
牛乳…２カップ
塩…少々

作り方
❶ かぼちゃは皮をむいて小さくさいころに切る。
電子レンジで1分加熱する。
❷ 鍋にご飯とかぼちゃ、牛乳を入れて火にかけ　ことこと10分ほど煮る。塩で味つけする。
※胡桃をすりつぶして散らすと、一層パワーが増します。

フルーツサラダ

材料（２人分）
白菜…根元の部分 1/2 枚（30g くらい）甘夏…1/2 個
キウイ…1/2 個　ヨーグルト…１カップ　砂糖…少々　油…少々

作り方
❶ ヨーグルトはキッチンペーパーで水切りする。砂糖と油を混ぜる。
❷ 白菜は小さく角切り、甘夏、キウイは皮をむいて食べやすく切る。ボールに入れて、❶であえる。
※油は亜麻仁オイルやえごまオイル（α-リノレン酸）、またはオリーブオイル（オレイン酸）が脳を活性化し、受験生にはオススメです。
※甘夏がなければ、季節の柑橘類で。みかん缶でもOKです。

ビタミンCが豊富で
風邪予防に効果あり

しょうがのパワーで
体の中からホカホカに！

白菜生姜スープ　豚ひき肉入り

材料（２人分）
だし…２カップ　白菜…１枚　にんじん…薄切り２枚
青ねぎ…1/2 本　豚ひき肉…60g　片栗粉、しょうゆ…少々
生姜…薄切り２枚　塩、しょうゆ…適宜
すりごま

作り方
❶ 白菜、にんじんはせん切りにする。生姜はみじん切りにする。ひき肉に片栗粉小さじ１としょうゆ少々を入れてこね、小さな団子にする。
❷ 鍋にだしと野菜を入れて加熱、だしが沸騰したら肉団子を加え、ことこと煮る。塩、しょうゆで味をととのえる。
❸ 小口切りのねぎとすりごまをふる。

ココロの Interview 66

山里亮太

［お笑い芸人］

天才でない僕には、努力しかありません だから「サボろう」という脳みそと日々、格闘中です

南海キャンディーズの山里亮太さんは、実は大変な努力家です。
その根底にあるのは、「自分は天才ではない」という思い。
テレビ番組でたくさんのレギュラーを持ち、ラジオ、ライブと
大変な売れっ子芸人になった今も、夢は「この業界で食べていきたい」。
夢を努力に紐づけることが、常に「サボろう」と声をかけてくる
脳みそとの戦いに勝つ秘訣だと言います。小学生の時は
問題児だったという山里さん。よくほめてくれた母の話も、どうぞ。

構成／矢部万紀子　写真／瀬戸正人

ずっと考えてきた天才と凡人の違い

お笑いの世界に入って、ずっと考えていたことが、天才と凡人の違いということです。僕は天才ではありません。コンスタントに仕事をいただくようになり、さんまさんやダウンタウンさんたちと話すことが増えてますます思うのが、「天才はスケールが違うな」ということです。

それで凡人である自分に悩んだ時期もありました。でも、人と自分を比べる時間は無駄です。

天才がたくさんいる世界で凡人が生きていくには、努力するしかありません。そのための仕組みを作ろうと思いました。その時、絶対忘れてはいけないのは、人間の脳みそは必ず、「サボろう」と声をかけてくるってことです。

凡人の僕ですから、仕事が増えれば増えるほど「サボろう」の声はでかくなるし、バリエーションも増えてきます。

たとえば「自分がおもしろいと感じる人を5人あげて、そのおもしろいところを5つずつ書く」って努力が1個あるとします。テレビ番組の収録ですごく受けた日など、今日くらいそういうことしないで寝ちゃってもいっかなーと思ってしまう。受けに受ける絶好調の日が続いた後に、全然受けなくなることもありますが、「(受けなかった) 今日が俺には珍しい日なんじゃないかなー」って、反省せずに寝てしまう。

でも天才っていうのは、イチローさんにしたって大谷翔平選手にしたってそうだと思うんですが、試合でホームランばかすか打って、家に帰って素振りしたり、その日のうちにジム行ったり。そういうことを「努力」と思わず、普通に楽しくできる人だと思うんです。

でも僕は凡人だから、「普通に楽しく」にはならない。だから絶好調の日も、そうでない日も、意識して努力しようとします。

もちろんしんどいです。凡人ですから当然です。モチベーションって言葉も一緒ですね。ないのが普通、

そこからどう頑張るか。それが凡人の課題です。

やる気があってめちゃくちゃ仕事をしてる時って、スーパーマリオの「スター（＝無敵）状態」だと思うんです。滅多にならないし、なっても期間はすごく短い。

スター状態に意識せずもっていけて、しかも長時間保てる。それが天才です。凡人は、スター状態に意識してもっていくしかありません。

評価してもらうのはうれしいですから、それは利用します。頑張って頑張って評価してもらって、それでまた頑張って。そういう流れを作っていく。

笑い声をもらえると どんな時よりも幸せ

スタッフからの評価もありますが、一番は笑い声です。笑い声をもらえると、どんな時よりも幸せなんで。そのためなら頑張れます。それでまた受けたりほめてもらったりしたら、「サボろう」に勝った分、めちゃくちゃ幸せなんですよ。その余韻に浸って、まだ頑張れます。

だけど、そこから来る「サボろう」の声が、とてつもなくでかい。

昔からそうですね。大学浪人時代も、英語で偏差値78をとったら、次は最悪でした。高い偏差値を、努力しないでいい理由にしてしまうんです。本気出せばできるんだなー、あれくらい、って感じで。

でも夢があったから、頑張れました。僕の最大のラッキーは、お笑いという夢を高校時代に見つけたことです。お笑いのために関西の大学に行きたいと親に言ったら、「関西の人10人に聞いて、10人がいい大学だねって言ってくれる大学に受かれば、行かせてあげる」と言われました。

だから「サボる＝夢をあきらめる」になってしまうので、サボりのブレーキになったんです。それで進学校でない千葉の私立高校から、一浪で関西大学に進むことができました。

目標に紐づけるといいですよね。

11月23日、石川県のこまつ芸術劇場うららで「山里亮太の140～やっぱり戻ってまいりました！～」を開催。問い合わせはチケットよしもと（0570-550-100）、こまつ芸術劇場うらら（0761-20-5500）。写真は後楽園ホールで8月開催「山里亮太の大140」から。

目指しているものに関係することをする時って幸せじゃないですか。例えば「映画を見たい」があった時、僕はこの映画から好きな表現を5個見つけようとか決めて、そうしてます。「サボろう」との折衷案ですが、そうすると前に進んでいる気がして、気持ちよく休めるんです。

「サボりたい」に従いがちな子どもを持つ親へのアドバイスですか？　強制的に努力をする状態にもっていきたいんですよね。難しいですね。

相方のしずちゃんに昔、「大きい女の子の悩みを1日10個考えてきて」って言ったことがありました。ネタ作りのためです。1個も考えて来ませんでした。「どうして考えて来ないの？」って聞いたら、「自分のペースで考えたい」って言ったんです。

その台詞は、天才が言うならいい。「努力するペース」が、その人の普通だから。でも頑張ってないヤツが言う「自分のペース」は「好きな時に考える」ってことで、自分に一番楽な時間割を組んでるだけ。結局、「好きな時」は来ない。だから、やらない。

僕のラッキーは お笑いという夢を 見つけたこと

それを理詰めでしずちゃんに言ったら、泣きましたね。スーッと、一筋の涙を流して。

そこから学んだのは、人のやる気っていうのは外部からはどうにも左右できないってことです。だから頑張らなきゃヤバいって思わせる状況を作ることが大事だと思うんですね。

しずちゃんとのことで言えば、僕はもう「成功したらあなたを平気で置いていくよ」っていう感じを出しながら、努力をひたすらしました。

怒ってやる気を出させることって、不可能じゃないですか。

そうですね。親だとしたら、サボるのを優しく邪魔する人になるんですかね。「やっときなさい」じゃなく、一緒にやる人。

僕が小学生の時は、問題児だったらしいです。授業中、勝手に歩き回ったり。覚えてるのは、授業参観じゃない時にうちの親だけ来ることになって、要領のいい子だったんで、そういう時は席にちゃんと座っていて、うちの母ちゃんも親バカだから「ちゃんとしているじゃないですか」って言って、じゃあ今度は急に来てみてくださいってなって、そしたら歩き回ってたりとか。

父はすごく怖かった 母にはよくほめられた

でも、それで叱られることはなかったです。父はめちゃくちゃ怖かったけど、勉強しろとかではなくて、むしろ生活態度っていうんですかね。クラスでいじめがあったことがあって、僕は関係してなかったけど、見ていたんだったら加担したことになるって、いじめられた子の家まで引っ張って行かれて、「謝れ」って土下座させられたことがありました。

母にはよくほめられました。小学生の時、「亮太はすぐに謝るから、えらいねー」ってほめられて、そこから本当にすぐ謝るようになりました。怒られても恐怖以外は残らない。その点、ほめられたことは忘れない。あと僕の場合は、失望されて努力するというのも多いんです。

南海キャンディーズの初期から付いてくれたマネージャーが、「失望上手」なんですよ。「山ちゃんも普通の人やったんやなー。ごめん、変に期待しすぎたわー」とか言うんです。だから一番仲いい人ですが、一番怖いですもん。彼が「うーん」って首をひねるような仕事はできない、期待を裏切りたくないって。

今、努力に紐づけている夢ですか？ それは、ずっとこの世界で食べていきたいっていうことです。ネタのおもしろい人なんて、上も下もいっぱいいます。その中で自分が笑ってもらっている間に、武器を強くしていかないと。そのための作業も楽しいから、ありがたいことです。

この世界で 生きていくには 努力しかない

オードリーの若林（正恭）とかも、こういう（努力についての）考え方かもしれないです。春日（俊彰）は考えてないですけどね。春日は天才型なんですよ。あれだけのボディービルも、努力と思ってないですしね。

根底にお金への執着があるっていうのが、あいつのすごいところで、それであらゆる努力を「普通に」できるんです。「ただ」ってものがある時、自分は何でもできる、死ねる、って言ってました。

タクシーに乗って目的地に行くとして、直前でメーター上がったら、降りないんですよ、あいつ。メーター上がった分、進んでくれ、次に上がる直前で止めてくれって。それで降りて、目的地まで歩いて行くんです。それって、どうかしてるでしょ。でも歩くことを厭わないし、かといってそれをネタにするでもない。そうした方が面白いってのは、僕ら凡人にもわかるじゃないですか。天才は違うんですよ。「何で？ 損じゃん」。ただもったいないと思うからするんです。

そんな人がいっぱいいる世界で生きてるんですから、努力しかないです。この世界、努力賞しかないって、僕は思ってます。

後楽園ホール

やまさと・りょうた

1977年生まれ、千葉県出身。関西大学文学部卒。在学中に吉本興業のタレント養成学校NSC22期生になる。2003年、山崎静代と「南海キャンディーズ」結成。2004年、M-1グランプリ準優勝。主な出演番組は、Eテレ「ねほりんぱほりん」、日本テレビ「スッキリ」、TBS「東大王」、TBSラジオ「たまむすび」、同「山里亮太の不毛な議論」、フジテレビ「アウトデラックス」、MBS「生！池上彰×山里亮太」など。

Yamasato Ryota
モテません。
でも、けっこう考えてます。夢のためですから。
朝日新書創刊!

『天才になりたい』（山里亮太著、朝日新書）は、オーディションに合格しテレビ番組に出演した小学生時代、練習は1日も休まず、試合出場はたった1回というバスケ部員だった高校時代、浪人して合格した関西大学での寮生活を経て、南海キャンディーズに至るまで山里さんの道のりがわかります。しずちゃん以前の相方との出会いと別れ、M-1準優勝の喜びと苦悩など読みどころ満載。「朝日新聞出版さーん、4刷りお待ちしてまーす」（山里）。

生徒の視野を広げ積極性を引き出す
体験を重視した多彩な国際理解教育

獨《どっ》協《きょう》中学校

School Information（男子校）

所在地　東京都文京区関口3-8-1
アクセス　地下鉄有楽町線「護国寺駅」徒歩8分、地下鉄有楽町線「江戸川橋駅」徒歩10分、地下鉄副都心線「雑司が谷駅」徒歩16分
TEL　03-3943-3651　URL　http://www.dokkyo.ed.jp/

生徒が海外の文化に触れられる機会を様々な形で用意し、海外の人とも積極的に交流できる人材を育てる獨協の国際理解教育についてご紹介します。

ドイツからの教育実習生との交流

ドイツ研修旅行での野外授業

海外との強いつながり新たな取り組みに期待

獨《ど》逸学《いつがく》協会学校を前身とする獨協中学校（以下、獨協）。創立当時から国際的な視野を持ち、現在も体験を重視した国際理解教育が展開されています。中学ではまず英語に親しみ、高校では実際に海外へ行く機会が用意されています。その一部をご紹介すると、研究者と共に公園内をめぐるイエローストーンサイエンスツアー（高1・高2）、ハワイ大の学生と交流するハワイ修学旅行（高2）など、独自の内容が目立ちます。

「本校では、実際に体験させることを大切にしています。海外の文化に触れる機会を多数用意することで生徒に刺激を与え、将来海外に飛び出したいという積極性を引き出せると考えているのです。本校の生徒たちは英語でコミュニケーションをとることにあまり抵抗がなく、現地の方ともすぐに仲よくなれるのが特徴です」と坂東広明教頭先生。

英語の授業は週7時間あり、イギリス人とカナダ人の2名のALT（Assistant Language Teacher）も授業に参加しています。ALTから欧米の文化や歴史を学ぶプログラムも用意され、英語教育がさらに充実。

また、高1からドイツ語を学べるのも獨協ならではです。例年約3割以上が学び、そのなかの数人は夏に行われるドイツ政府主催の短期留学にも参加しています。ドイツ語を学ぶことで、ドイツを中心としたヨーロッパへの関心が高まり、生徒は広い視野を身につけられるのでしょう。

「今後の国際教育の課題は、ドイツとの交流を充実させていくことです。これまでもドイツ研修旅行（中3・高1）を実施していましたが、国内でもドイツ文化に触れられるように、今年度から、ドイツの大学から学生を受け入れて、生徒たちにドイツ語などを教えてもらうプログラムを始めました」（坂東教頭先生）

英語教育の充実、ドイツとの関係を深める新たなプログラムの導入、海外との強いつながりを持つ獨協独自の国際理解教育に今後も注目です。

学校説明会

学校説明会　要予約
11月12日（日）　13：30～15：30
12月24日（日）　11：30～12：30
1月14日（日）　10：00～12：00

プレミアム学校体験会　要予約
11月 3日（金祝）　9：00～12：00
※小4～6対象、一部予約不要の企画あり

入試問題説明会　要予約
12月24日（日）　10：00～11：15

開智日本橋学園中学校【共学】

東京都23区私立中学校初！
国際バカロレアMYP・DP候補校！

平成27年4月にスタートした開智日本橋学園は「世界中の人々や文化を理解・尊敬し、平和で豊かな国際社会の実現に貢献できるリーダーの育成」を教育理念に、開智学園で培われた創造型・探究型・発信型生徒の能動的な学びを深めた21世紀型の教育を行っていく共学校です。

一人ひとりの適性に合う入試で合格できる

開智日本橋学園中学校の入学試験は、全6回実施され、各回とも試験問題の出題傾向が異なっています。

いろいろな個性や、様々な得意なことを持った生徒に入学してもらい、生徒たちが多様で、互いに切磋琢磨できる学校環境を創るため、様々な出題傾向の試験問題を用意しています。

次では、その入試の概要についてご紹介します。

第一志望者は第一回入試の2科・4科入試がおすすめ

2月1日の午前に行う「第一回2科・4科入試」は、開智日本橋学園中学校を第一志望にしている生徒にお勧めの入試です。

この入試は、全ての科目において基礎学力が着実に定着しているかどうかを見る問題構成となっているため、開智日本

《2018年度入試日程》

日　程	時　間	試験科目
2/1(木)	AM	2科（国算）・4科（国算理社）・GLC入試（国算英G＋面接）選択
2/1(木)	AM	適性検査Ⅰ・Ⅱ
2/1(木)	PM	特待生選考4科（国算理社）
2/2(金)	PM	2科（国算）・4科（国算理社）選択
2/3(土)	PM	3科（国算英R）・4科（国算理社）選択
2/4(日)	AM	3科（国算英R）・4科（国算理社）・GLC入試（国算英G＋面接）選択

橋学園中学校への入学を強く志望する受験生に適した入試となっています。

授業料全額給付の特待生入試

2月1日の午後に行う特待生入試では、授業料全額給付の特待生のみ合格判定します。

この入試は、他の難関中学との併願者に最適であるだけでなく、第一志望者に適した2月1日午前の2科・4科入試を受験した生徒が、特待生をめざすにも適しています。

そのため、やや手ごたえのある問題が出題されますので、しっかりと受験勉強を重ねてきた受験生向きの入試となっています。

適性検査型入試と3科入試

また、2月1日の午前には、公立中高一貫校との併願者向けの適性検査型入試も実施します。今年度入試においても多くの受験生がこの適性検査型入試にチャレンジしています。

そして、2月3日午後と4日午前に行われる3科・4科入試。3科入試は国語、算数に、英語を加えた3教科で受験する入試です。英語は基礎学力を見る問題構成となっていますので、一般的な理解力・推理力を求める問題が出題されます。

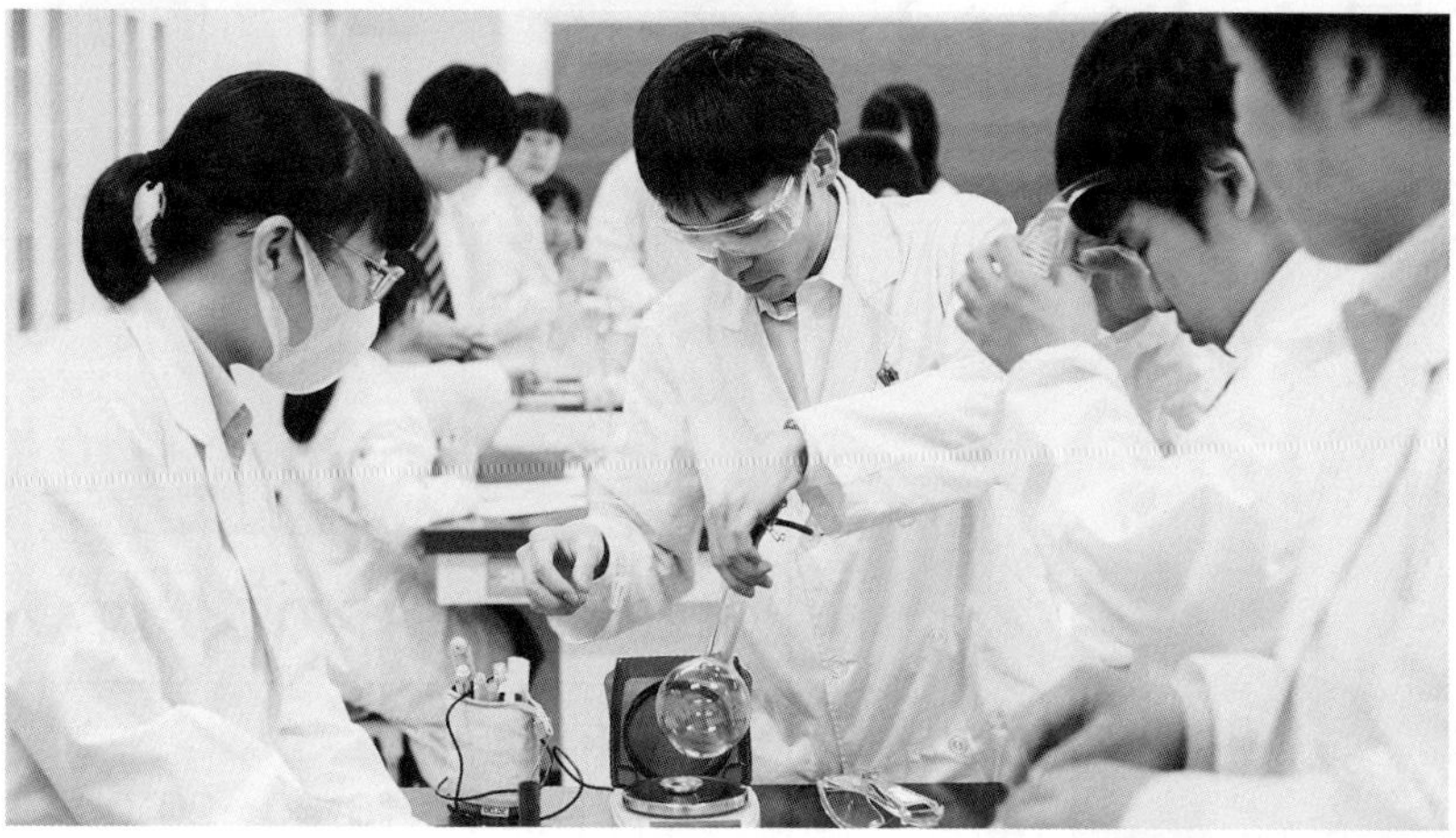

受験料と開智学園優遇制度

受験料は、一般入試に帰国生入試も含め最大8回受験しても2万円です。そのため今年度入試においても、すでに合格しているにもかかわらず特待生合格をめざして最後の入試回までチャレンジし特待生として合格した生徒や、希望するクラスへ合格するまで何度も受験した生徒がいました。

このように開智日本橋学園中学校では、高い志を持って何事にもあきらめずに挑戦する生徒にぜひ入学してほしいと考え、何度受験しても受験料を2万円としています。また、受験料3万円で開智中学校・開智未来中学校・開智日本橋学園中学校の全回を受験することができます。

最後になりますが、開智日本橋学園は、東京都23区の私立中学校で初めて国際バカロレアの国際中等教育プログラム（MYP）、ディプロマプログラム（DP）の候補校となりました。

今後グローバル化に対応したオールマイティな英語力をはじめ、日本で、そして世界で活躍できる人材を育てていく開智日本橋学園。今後の動向が注目されています。

開智日本橋学園中学校・高等学校（仮称）

〒103-8384　東京都中央区日本橋馬喰町２－７－６
TEL　03-3662-2507
http://www.kng.ed.jp

＜アクセス＞
JR総武線・都営浅草線「浅草橋駅」徒歩３分
JR総武快速線「馬喰町駅」徒歩５分
都営新宿線「馬喰横山駅」徒歩７分

《説明会日程》

	日　程	時　間
学校説明会	10/21(土)	14:00〜
	11/18(土)	10:00〜 ※
	12/23(土)	10:00〜 ※
	1/13(土)	10:00〜 ※

※出題傾向説明会あり

大人も子どもも

本からマナブ

夜空を見上げる楽しさを伝える本と、
家庭で行う学力の伸ばし方を教える本の2冊をご紹介します。

BOOKS COLLECTION 83

夜空を見上げて星と銀河をじっくりと観察してみよう

子ども向け

天文学入門
星・銀河とわたしたち

嶺重 慎・有本 淳一 編著
岩波ジュニア新書
980円+税

これから冬にかけて、空気が澄んできて都会でも星が見えやすくなります。みなさんは、星を見るのは好きですか。

タイトルにある「天文学」というのは、宇宙や星について扱う学問のことです。そう聞くと、勉強の本なんだ、面白くなさそうだと思ってしまうかもしれませんが、この本はあまり勉強を感じさせる本ではありません。

序章「夜空を見上げれば」には、宇宙を知ることは私たち人間を理解すること、宇宙=私たち自身を知る旅に出かけようと書かれています。夜空を見上げて、星や銀河について、少しだけ考えてみようという気分にさせてくれる本です。

なかには、天文学に関する小学生には少し難しい内容の説明もありますが、様々な天体の写真がカラーで数多く載せられているので、楽しく読み進められるでしょう。

「星が大好きだ」という人だけでなく、「星を見るのは理科の勉強みたいで苦手」という人にこそ、おすすめしたい本です。写真を眺めながら宇宙について学んでいけば、きっと星を観察するのが好きになりますよ。

小学校時代にできる家庭での学力の伸ばし方

大人向け

学力を伸ばす家庭のルール
賢い子どもの親が習慣にしていること

汐見 稔幸 著
小学館
1300円+税

この本は、ある編集者が子どもの中学受験を経験した際に、子どもに小学校時代をどのように過ごさせるべきか、中学受験をどう考えるべきかなどの悩みを持ったことをきっかけに生まれました。その思いを受け、教育学者である著者が小学生の時期の過ごし方で大切なことを書いています。

まず、大前提として学力とは何かについて、著者の考えが述べられています。いわゆる試験でよい点がとれるという意味の学力ではない力が大切だとも述べています。教育学上の用語も用いられてはいますが、説明は分かりやすく、学力を一面的に見ないという考え方は納得できるものでしょう。

そして著者は、「学力は家庭で伸ばすことができる」と説きます。家庭で子どもとどう接していくべきかについて踏み込んだ形で説明し、特に家庭内での会話が学力向上と密接にかかわると結論づけます。

家のなかで、子どもと何を話題にし、どのように会話を展開したらいいのかが具体的に紹介されています。家庭内での何気ない日々の親子の会話が学力を伸ばすことにつながるのだと述べます。

そして、本書では「中学受験」に焦点を絞った章も設けられています。中学受験をどうとらえるべきか、勉強の進め方、親がどう受験にかかわっていったらいいのかなどについてのアドバイスが展開されています。中学受験を考えている保護者にとって大いに参考になるのではないでしょうか。

開智中学校「先端特待」入試を新設

自分の力が最大限に発揮できる多様な入試問題

今年3月、東大合格者数で埼玉私学No.1になった開智中学・高等学校（以下、開智）は、東大をはじめ旧帝大一工・国公立医学部に現役で34名、筑波大11名の計45名（中高一貫部の卒業生313名中）の合格者を出すなど、探究テーマ・フィールドワークや哲学対話といった教育実践だけでなく、大学進学実績でも注目されています。今回は開智の特徴ある入試について紹介します。

受験日程および各回の入試を変更しました

開智は、2018年（平成30年）度入試から、より多くの受験生が自分の力を発揮できるように、「先端特待入試」を新設します。入試は、第1回、先端特待、第2回、先端A、先端Bの順で5回実施します。

各回の入試日程、問題傾向および難易度については次のとおりですので、自分の持つ力に適した試験を受け、合格を手にしてください。

第1回入試…1月10日（水）

一貫クラスの入試ですが、今回の入試から合格者の一部を先端クラスへのスライド合格として発表します。入試問題は都内難関校併願者向けのレベルとなっており、募集定員が一番多い入試です。この入試で合格を獲得し、ぜひ翌日以降の先端特待、先端A入試に挑戦してみてください。

開智中の正門にて

先端特待入試（新設）…1月11日（木）

合格者全員が特待生となる先端クラスへの入試です。入試問題は都内最難関校併願者向けのレベルとなっています。基本的な知識も出題されますが、解答するにあたっての自分なりの考え方や記述力を問う問題が半数をしめる出題となります。

第2回入試…1月12日（金）

第一志望の受験生に適した一貫クラスへの入試です。入試問題の難易度としては標準的なものとなっており、開智を第一志望と位置づける受験生には一番適した入試です。

先端A入試…1月15日（月）

基本的な知識や記述力を問われる先端クラスへの入試です。入試問題は都内難関校併願者向けのレベルとなっており、記述力および基本的な知識をバランスよく出題します。今回の入試でも算数の問題は、取り組みやすい問題を出題します。

先端B入試…1月23日（火）

「開智に絶対合格！」の常道、先端クラスへの入試です。入試問題は都内難関校併願者向けのレベルで、先端A入試よりも取り組みやすい問題を出題します。なお、他の入試回と最終回となる先端B入試を受けた受験生を対象に、繰り上げ合

開智中の会場

格候補者を発表します。詳しくは募集要項でご確認ください。

最難関校の併願としても最適な開智の入試

開智の入試には、第一志望としている受験生はもちろんのこと、他校との併願者も多く受験しています。これは、開智の入試が、併願者にも様々なメリットがあるためです。そこで、次に他校との併願者にとっても受験しやすい点をいくつかご紹介します。

・入学手続きは2月9日（金）まで

開智の入試では、どの回で合格した場合でも、予納金（入学金など）を納入する必要はなく、2月9日（金）が入学手続きの締切日となっています。

・入学金が不要

開智は入学金が不要です。入学手続きの際には、授業料に充当する納入金が必要ですが、これも、3月31日（土）までに入学を辞退した場合には全額が返金されるので、併願校として経済的にも安心して受験することができます。また、初年度納入金は63万8000円です。

・受験料への配慮

受験料については、2万円で3回まで受験することができ、2万5000円で5回まで受験することができます。さらに、開智未来中学校や開智日本橋学園中学校へ同時に出願する場合、合計の受験料は3万円で、3校合わせて14回の入試を受けることができます。開智を受験することにより、基本的な問題からハイレベルな問題まで、様々な入試問題に触れることができます。

・得点通知により実力をチェック

どの回の入試でも、申込み時に希望すれば、各教科の得点と総得点を知ることができます。

・アクセスのいい受験会場

5回の受験のうち、第1回入試と先端特待入試の2回は、開智中学校の他にさいたま新都心でも入試を行います。入試会場はさいたま新都心駅から徒歩1分の場所にあります（さいたま新都心駅は新宿駅から約30分です）。

さいたま新都心会場

大学入試で終わらない人材の育成

開智では、様々な個性や実力を持った受験生が自分の力に合った回で合格を手にしてほしいという願いから、問題の傾向や難易度の違う先端クラス向けの入試と一貫クラス向けの入試、あわせて5回の入試を行っています。

開智に入学した様々な個性は、6年間かけてさらに磨かれ、自己実現に向けて羽ばたいていきます。開智の教育は、実社会に出てから活躍する人材を育てる教育として、より一層の進化を遂げています。

KAICHI

開智中学・高等学校

中高一貫部（共学）

〒339-0004
さいたま市岩槻区徳力西186
TEL 048−795−0777
http://www.kaichigakuen.ed.jp/
東武野田線東岩槻駅（大宮より15分）徒歩15分

■学校説明会・入試問題説明会（予約不要）

	日程	時間	バス運行（東岩槻駅北口より）
学校説明会	11/18（土）	13:30〜15:00	往路12:45〜13:45 復路15:10〜16:10
入試問題説明会	12/2（土）	14:00〜15:30 （入試問題説明） 15:30〜16:40 （教育内容説明）	往路13:00〜14:30 復路15:20〜18:00

■入試日程 ※詳細は募集要項でご確認ください。

	日程	会場		集合時間	合格発表
第 1 回	1/10（水）	開智中	さいたま新都心	午前 8:30	試験当日 午後10時00分 （開智中HPのみ） ※掲示は試験日の 翌日午前10時〜午後6時
先端特待	1/11（木）	開智中	さいたま新都心		
第 2 回	1/12（金）	開智中			
先 端 A	1/15（月）	開智中			
先 端 B	1/23（火）	開智中			

世界が認めた工学院教育

グローバル社会で活躍するために！
21世紀型教育を実現する3つのクラス

ハイブリッドインターナショナルクラス
（英語・数学・理科を英語イマージョン教育）

ハイブリッド特進クラス
（文理融合型リベラルアーツ）

ハイブリッド特進理数クラス
（実験・ICT教育を強化）

世界から必要とされる若者になるための教育を行います。

グローバル教育
（英語イマージョン）

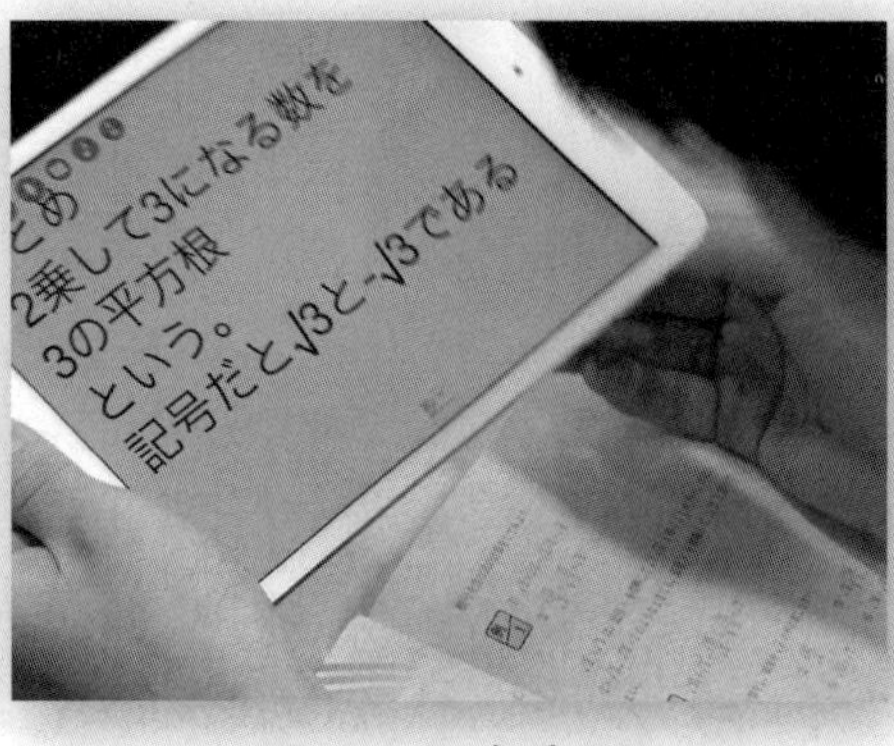

ICTの活用
（iPadと電子黒板を連動した授業）

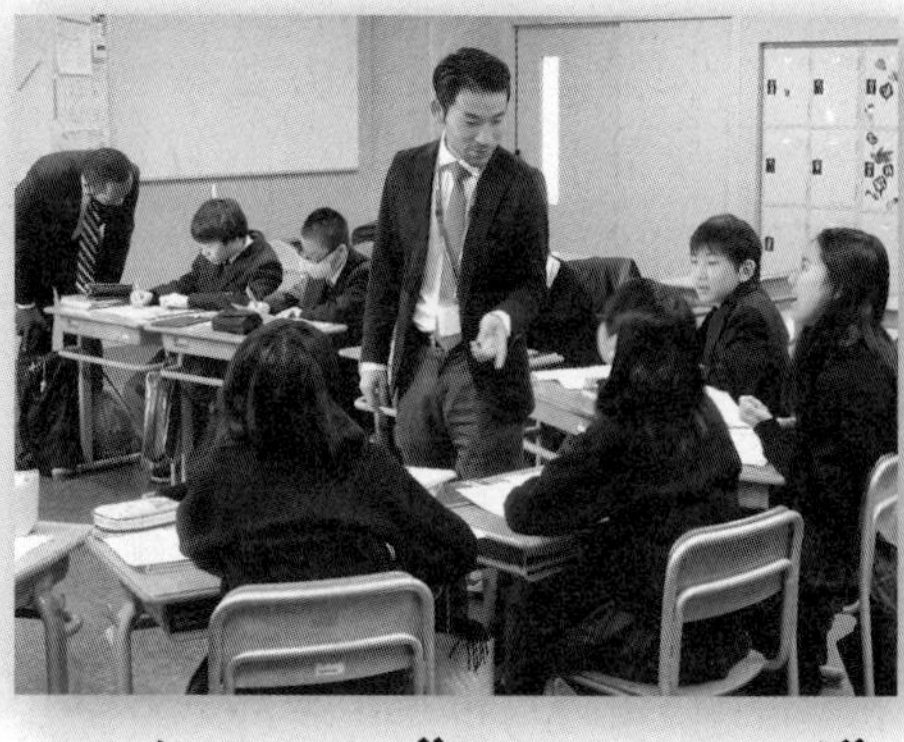

アクティブラーニング
（PIL・PBL）

学校説明会（要予約）

第3回　10月28日（土）10:00～（思考力セミナー10:00～、体験学習13:00～）

第4回　11月23日（木・祝）10:00～（入試本番模擬体験10:00～）

第5回　1月13日（土）14:00～（直前対策講座・思考力セミナー14:00～）

クリスマス説明会&進学相談会（要予約）

12月25日（月）10:00～

■詳細はHPをご覧ください。学校見学も随時受け付けています。

入試本番模擬体験

11月23日（木・祝）
10:00～12:00
〔小学6年生対象〕

予約受付中

入試本番の類似体験ができ、解説授業もあります。

- ●国語・算数
- ●思考力テスト
- ●英語

いずれか1つを選択してください。

工学院大学附属中学校
JUNIOR HIGH SCHOOL OF KOGAKUIN UNIVERSITY
〒192-8622　東京都八王子市中野町2647-2
TEL 042-628-4914
FAX 042-623-1376
http://www.js.kogakuin.ac.jp/junior/

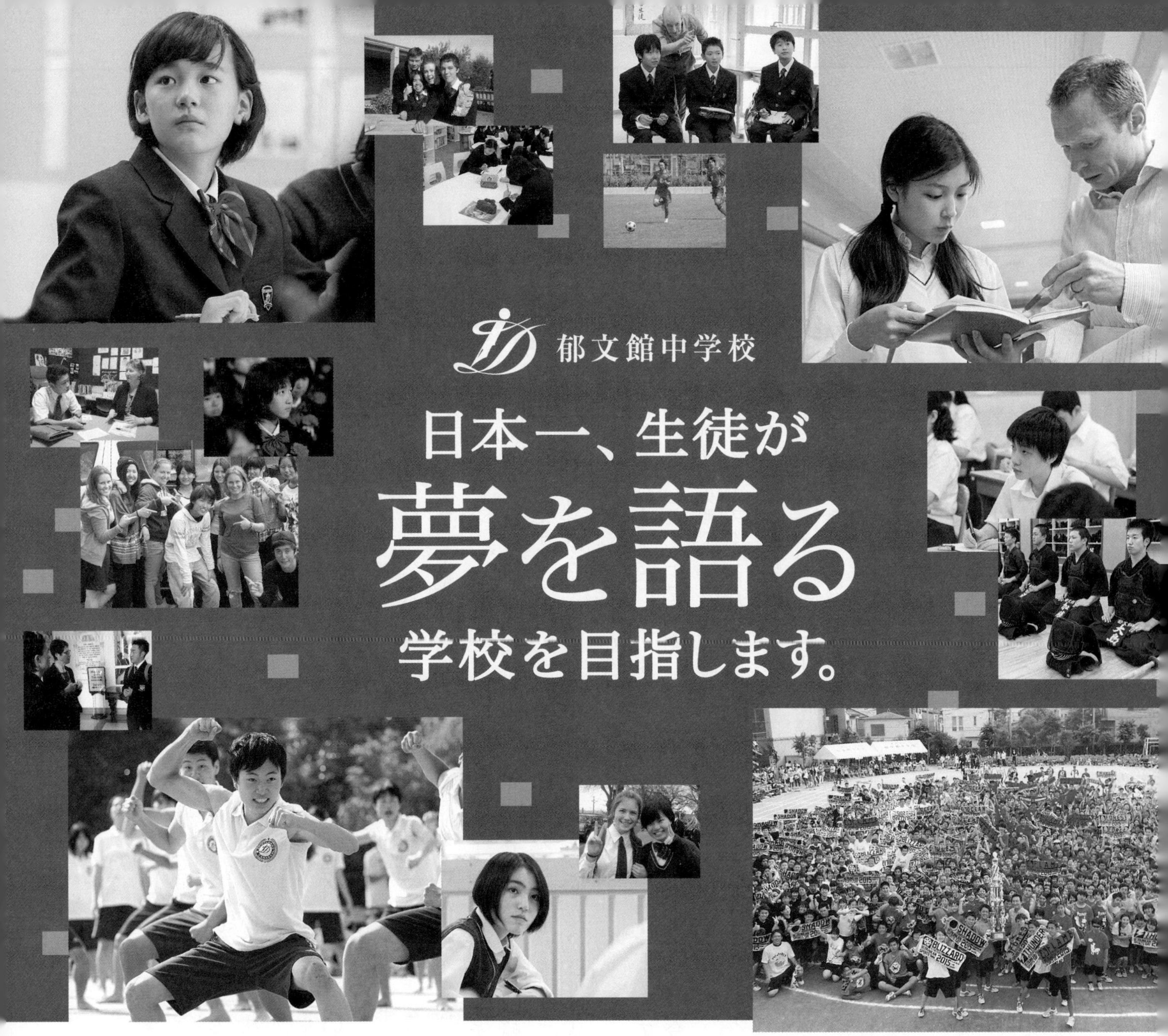

郁文館中学校
日本一、生徒が
夢を語る
学校を目指します。

解法「記憶」を問うだけではない 活用への「思考力」を問う問題を

男子校の入試にも動き 入試が動けば学校も変わる

巣鴨が2月4日に3回目の入試を新設したり、鎌倉学園が2月1日午前に第1回入試を設けたりと、男子校の入試にも動きが出てきました。

2月1日入試は第一志望者を獲得する入試ですし、4日の入試は、2月1日・2日に入試が不調ではあったが、本来なら上位校合格の力のある受験生にとって、進学できる学校の入試がもうひとつ増えた、ということになります。

入試に動きがあるということは、その教育内容も変化していくことに直結していますから、そのような学校は注目したいところです。

例えば巣鴨では、この夏季休暇中にオックスフォード大とケンブリッジ大ＯＢが、経済、文化、など多方面の分野から来日し、巣鴨生と英語合宿を行ったとうかがいました。

巣鴨はかねてから、イギリスのイートン校との交流を行っていますが、世界ランキングトップクラスの大学出身のビジネスマンやＮＧＯ―つまり一流で活躍している大人と英語で論戦をする機会を持ったというのは、参加生にとってとてもよい刺激になったことでしょう。とかく巣鴨は「硬教育」という厳しさばかりが伝わっているようですが、こうしたこれまでにない取り組みを新校舎とともに始めていることに注目してよい、と思います。

算数単科入試に見たい これからの出題傾向

一方の鎌倉学園は2月1日午後に従来、算数単科入試をやっています。来年入試でも行われる予定です。

算数単科と言えば高輪や攻玉社など男子中堅校が導入してきた経緯があるのですが、来年は品川女子学院が算数1科で入試を行う予定ですし、大妻中野も予定していて、女子校などの算数入試がいわば今年の新傾向入試のひとつです。

実は共学の明星も2月1日午後に、算数1科入試を昨年から始めていて、筆者はあまたの新入試のなかでも出色だと思っています。

というのも、これからの算数入試は正当な読解力を行使して文章を読み込んで条件を整理し、解法の知識はむしろｗｅｂ等を見ながら、あるいはグラフ電卓を活用しながらその場で調査して（覚え込まなくてもよい）、例えば問いそれ自体も「この街から交通事故をどうしたら少なくできるか」といったような社会倫理的な問いかけがなされるものであってほしい、と思うからです。

もちろん、全ての入試問題でそれを行う必要はなくて、そういう問い方の問題が、合否を分ける重要な問いになってほしい、と考えています。

しかし、今のところ、やはり解法中心の問いであり、その手法記憶が最も確実な得点法である、ということは否応ない事実です。そのなかで合格点を取っていかねばならないのです。

正答率40～50％の問題が 合否を分けている

その意味では先日、広尾学園と筆者が行った入試問題の正答率に関するシンポジウムは改めて入試問題の大切さを確認した機会でした。

というのもそこで行われたのは、今年の広尾学園の入試問題の1問1答の正答率を抜き出し調査をして、どの問題が合否を分けた問題か、をフォローしたのです。

すると正答率40～50％の問題が合否を分けている、ということがおおよそ言える、ということでした。

確実にこの問題が解ける、という

NAVIGATOR
森上 展安
もりがみ・のぶやす
森上教育研究所所長。
受験をキーワードに幅広く教育問題をあつかう。
保護者と受験のかかわりをサポートすべく「親のスキル研究会」主宰。
近著に『入りやすくてお得な学校』『中学受験図鑑』などがある。

範囲は無制限に広げてもあまり意味がありません。しかし、十分な範囲に広げておかないと何より合格しないことも事実です。

この考え方をよく主張されている金廣志先生は、小学校6年生が受験勉強をして解けるようになる問題の境目を大体正答率50%ラインとされています。もちろん、模試や入試本番での正答率です。

つまり正答率50%の問題に習熟することが合格を確実にする正攻法だということです。

もちろん、入試をする側の意識と、ここは微妙に異なっています。正答率がそこまでない問題でも、出題側としてはぜひ解いてほしいと思って出題しているからです。

そして、どの出題者も解けてほしいと思って出題しているからです。

しかし、やはりそうはいってもそこは平均的な出来具合というものはあります。それが正答率でいえばちょうど50%の問題が解ける、というところにあるわけです。

こうした問題は、よくみたことのある問題として一度は目に触れているような問題です。

したがって、習熟さえすればすぐ解けるのですし、また、すぐ解けなければ到底間に合いません。

必要とされる学力は、問えばすぐ解法を思いつく手順の踏み方を覚え込んでいる能力だといえます。

ただ、このような問題と問題解法が、今後の数学の学び方にどれだけ有意かというとそこは大学入試あたりまでだといえます。

大学入試まで有意なら、それで十分なのかもしれませんが、今、むしろ社会に出て数学をいかに活用できるかがテーマになっています。

加えて、これからの大学入試もそうした「活用」の要請に応える数学に入試を変えていこう、としています(これは少しずつ、です)。

算数単科入試にこそ求めたい学校と入試のポリシー

算数単科入試を行う意味は、選抜試験としては、大学入試まで通ずる優秀な児童を選抜する、という意味はもちろんですが、少しゆとりある入試時間をとって、たんに単元の問題解法だけでなく、前述した交通事故対策のような現実の問題に対するアプローチや、どのアプローチがより適切か、その理由を明らかにせよ、といった解法そのものは求めない論述型の出題を設けることで、社会に通ずる学力につなげることができるように思います。

先日、武蔵野東小学校の実践でそうした授業をされている例にいきあたりましたし、公私を問わず小学校の授業は、今、そういった方向に動き出しています。

もちろん、それは学習指導要領が変わるからでもありますし、授業が変われればテストも変わることにつながります。

ただ一方で、こうした、いわゆる思考力系の算数入試は、本来覚えてすぐ引き出せるようにしておくべき計算能力や図形の証明能力、比率の考え方などをおろそかにすることであっては元も子もありません。

少なくとも算数1科入試の場合、その何題かは、長い文章を読み込んで何を言っているか理解する必要がある問題だと思います。これまでのように「来た！ 見た！ 勝った！」というようなどこかで見た問題で、受験勉強をしたことのない通常の児童、生徒には意味をなさない文章題であっては受験が終わればまたたく間に忘れ去られるか、世に出ても使う機会は見つからないでしょう。

今、このように入試にポリシーが感ぜられる時代となっています。

中学1年生から

世界のリーダーを目指して多彩な国際教育を展開

春《かす》日《か》部《べ》共《きょう》栄《えい》中学校

教育理念「この国で、世界のリーダーを育てたい」を掲げ、最高レベルの学力はもとより、これからの世界のトップに立って活躍しうる目的意識と、素養と、対案力と、そして何よりも人間力を兼ね備えた新しいタイプのリーダーの養成を目指す春日部共栄中学校・高等学校。今年卒業の第９期生（119名）からは、医歯薬系大学や「早慶上理」をはじめとする難関大へ多数の現役合格者や、オーストラリアの名門大学であるモナッシュ大への飛び級合格者を出しました。そんな春日部共栄では、中学１年次より様々な国際教育を展開しています。

平成26年度より グローバルエリートクラス新設

優秀な大学進学実績を残す春日部共栄高等学校のもとに開校した、春日部共栄中学校。早いもので、今春、第９期生１１９名が高校を卒業しました。

卒業生のうち秋田大などの医学部・医学科に2名、モナッシュ大や東京外国語大など、国公立大に15名合格。まさに、春日部共栄の中高一貫教育の優秀さが実証された結果といってよいでしょう。

そんな春日部共栄中学校では、これからの世界を導くリーダーの育成を目標とするグローバルエリート（ＧＥ）クラスを設置。新しい時代に求められる中高一貫教育を追求します。

同校の学習指導は、ムダを省き、有機的に再構築した独自のカリキュラムによって進められ、高3次を大学受験準備にあてることを可能にしています。また、２０２０年度から導入される大学入学希望者学力評価テストに対応した指導を展開するとともに、海外名門大への進学に対応しているのも、春日部共栄らしさの現れです。

シャドーイング重視 国際標準の英語力を

「世界のリーダー」を目指すには、しっかりした英語力が不可欠です。毎朝授業前の朝学習では、リスニングの力を養います。さらに、単語速習から暗唱コンテ

SCHOOL TOPICS

スト、スピーチコンテスト、英文法、英作文指導へと発展的に実力を磨きます。

また、海外の大学進学も視野に入れ、受験英語の読解力や文法知識の理解と習得、さらにはコミュニケーションの手段として英語を使いこなせるようプレゼンテーション能力に磨きをかけています。そのほか海外の書物を多読することで英語圏の文化的背景までを身につけます。高度な留学英語検定にも挑戦、海外の大学でも通用する英語力を培います。

中学1年次から英語漬けになれるプログラムがたくさん

世界のリーダーを目指す国際学習の機会は、こうした授業以外にもたくさん用意されています。

中1・中2では夏休みに3日間のグローバルイングリッシュプログラムがあります。様々なバックグラウンドを持つ外国人講師のもとで、生徒は10人程度のグループに分かれ、英語を話す、書く、といったアウトプットをひたすら繰り返します。まさに英語漬けの3日間といっていいでしょう。

中3次には春日部共栄独自のプログラムK-SEP（Kyoei Summer English Program）があります。英語圏の大学生を10人程度招き、彼らを先生として多様なプログラムをこなしていきます。

ここでも生徒たちはグループに分かれて各先生につき、最終日の英語によるプレゼンテーションを目標に、協力しあいながら異文化理解に努めます。

そして、中3の夏休みにはバンクーバー語学研修が行われます。

現地での生活をエンジョイしながら英語力の習得、向上に邁進します。カナダは多民族国家でもあり、英語の勉強だけではなく、異文化理解にも最適な国です。

こうした体験型の国際教育は高校にもつながっていきます。高1・高2ではアメリカのボストンやオーストラリアにある大学で他国から来た同年代の生徒たちと英語力やコミュニケーション力を高めあうことができるグローバル人材育成プログラムがあり、そして高2の修学旅行では1週間にわたってオーストラリアのゴールドコーストを訪れます。これまで磨いてきた英語力を存分に試すチャンスがあるのです。

このように、日頃の学習と春日部共栄でしか経験できない体験型プログラムをとおして、将来世界で活躍できるリーダーを育てている春日部共栄中学校です。

School Data.

春日部共栄中学校

【共学校】

埼玉県春日部市上大増新田213
東武スカイツリーライン・アーバンパークライン「春日部駅」バス10分

生徒数　男子201名 女子196名

☎ 048-737-7611

この国で、
世界のリーダーを育てたい。

■ 平成29年度・大学合格者数

● 京都大・北海道大・東北大 合格

国公立	一貫生 23名（全体 57名）
早慶上理	一貫生 17名（全体 46名）
医歯薬看護	一貫生 15名（全体 68名）
G-MARCH	一貫生 72名（全体 175名）

■本校独自のグローバルリーダーズプログラム

- 各界の第一人者を招いて実施する年間8回の講演会
- 英語の楽しさを味わうグローバルイングリッシュプログラム
- 異文化を体感し会話能力を向上させるバンクーバー語学研修
- 各国からの定期的な留学生や大学生との国際交流

グローバルエリート（GE）クラスとは

東大をはじめとする最難関大学や海外大学への進学を目指すことはもちろん、

「この国で、世界のリーダーを育てたい」という開校以来の理念を実現するクラスです。

すべての生徒がこのグローバルエリートクラスに所属し学びます。

学校説明会

全日程 10:00～12:00

10月29日（日）＊体験授業

11月25日（土）＊入試過去問題解説会

12月 9日（土）＊入試過去問題解説会

小学5年生以下対象説明会

12月17日（日）10:00～12:00

平成30年度 入試概要

	第１回		第２回		第３回	第４回
試験日	１月10日（水）		１月11日（木）		1月15日（月）	2月4日（日）
入試種別	午前 ４科	午後 ４科	午前 ２科・４科	午後 ４科	午前 ２科	午前 ４科
募集定員	グローバルエリート（GE）クラス 160名					
合格発表（インターネット）	1月10日（水） 19:00予定	1月10日（水） 22:00予定	1月11日（木） 19:00予定	1月11日（木） 22:00予定	1月15日（月） 17:00予定	2月4日（日） 18:00予定

※2科（国語・算数）、4科（国語・算数・社会・理科）

事前申し込み不要です。日程は予定ですので、HPなどでご確認のうえ、ぜひお越し下さい。

春日部駅西口より無料スクールバスを開始1時間前より運行します。

春日部共栄中学校

〒344-0037 埼玉県春日部市上大増新田213 TEL.048-737-7611
東武スカイツリーライン 春日部駅西口からスクールバス（無料）7分
http://www.k-kyoei.ed.jp

これからの日程

④11/4(土) 10:00~
⑤12/2(土) 10:00~
2018年
⑥ 1/13(土) 10:00~
⑦ 2/24(土) 10:00~

✔ 学校説明会

穎明館中学高等学校では、教育内容・教育環境をより深くご理解いただくために、
学校説明会を実施しています。どうぞこの機会に学校までお越しください。
左記の日程でご都合のつかないときは、個別学校訪問・個別相談をお申し込みください。

トラック・フィールドリニューアル

公式トラック・フィールドの全面改築工事が完了し、本校の体育施設がより美しく、安全な、充実したものになりました。

穎明館中学高等学校

● 学校所在地：193-0944　東京都八王子市館町2600　　TEL. 042-664-6000　FAX.042-666-1101
● アクセス：JR中央線・京王高尾線「高尾」駅・南口-京王バス③乗り場 約15分（直行便約10分）
　　　　　　：JR横浜線・京王相模原線「橋本」駅・北口-スクールバス約25分
● HPアドレス：http://www.emk.ac.jp

NEWS2017

日本橋の空を取り戻す計画

東京都中央区日本橋室町の日本橋川にかかる日本橋は、日本の道路の始点ともいわれています。ですが、日本橋の上には首都高速道路（首都高）がかかっていて、日本橋から空を仰ぎ見ることはできません。そこで、国土交通省はこのほど、日本橋に空を取り戻すために、首都高を地下に移設する計画を立て、具体的に検討していくことになりました。首都高の地下化には数千億円の経費が見込まれていて、工事に着手するのは2020年の東京オリンピック・パラリンピック後になりそうです。

首都高速道路がおおうように上を通る現在の日本橋
(2017年10月2日・撮影本誌)

日本橋が初めてかけられたのは徳川家康が征夷大将軍に任じられ、江戸幕府が開かれた1603年（慶長８年）とされています。木造のいわゆる太鼓橋《たいこばし》で、平らではなく、登って降りる橋です。翌年に江戸を中心とした五街道の起点となりました。五街道とは東海道、中山道、奥州街道、日光街道、甲州街道のことです。

現在も日本橋のたもとには日本の道路の出発点となる日本国道路元標《げんぴょう》が建てられています。

日本橋はその後、火災で焼け落ちたり、傷んだりして、何回もかけかえられ、明治になって初めて、石造りの橋がかけられました。現在の橋になったのは1911年（明治44年）のことです。1908年（明治41年）に着工し、長さ49m、幅27m、主に花崗岩《かこうがん》による二重アーチ型で、中央部分はレンガが敷かれています。装飾塔には背びれを持った麒麟《きりん》が彫刻され、橋の両端には東京都のマークを持った獅子《しし》が置かれています。この橋は19代目にあたるそうで、橋柱の「日本橋」の銘板の文字は最後の征夷大将軍、徳川慶喜の筆によるものです。

1923年（大正12年）の関東大震災にも耐え、1945年（昭和20年）の米軍による空襲にも焼け落ちませんでした。現在も橋の一部に焼夷弾《しょういだん》の痕《あと》が残っています。

日本橋に不運が訪れたのは1963年（昭和38年）のことです。この翌年、東京でアジア初のオリンピックが行われることになりました。このため、政府や都は、道路網、とりわけ高速道路網を早急に整備しなければならなくなったのです。とはいっても、東京都心部はすでに飽《ほう》和《わ》状態で、川の上に高速道路をつくるしかありませんでした。こうして1963年に開通したのが首都高速道路の都心環状線です。それがちょうど、日本橋の上を通っているのです。

日本橋は1999年（平成11年）に国の重要文化財に指定されました。重文に指定されたこともあって、2006年（平成18年）には「日本橋川に空を取り戻す会」が発足、その後、国や都、有識者会議などが議論を重ね、首都高の地下化の話が具体化したのです。

みなさんが大人になる頃には、日本橋から東京の空が仰げるようになっているかもしれませんね。

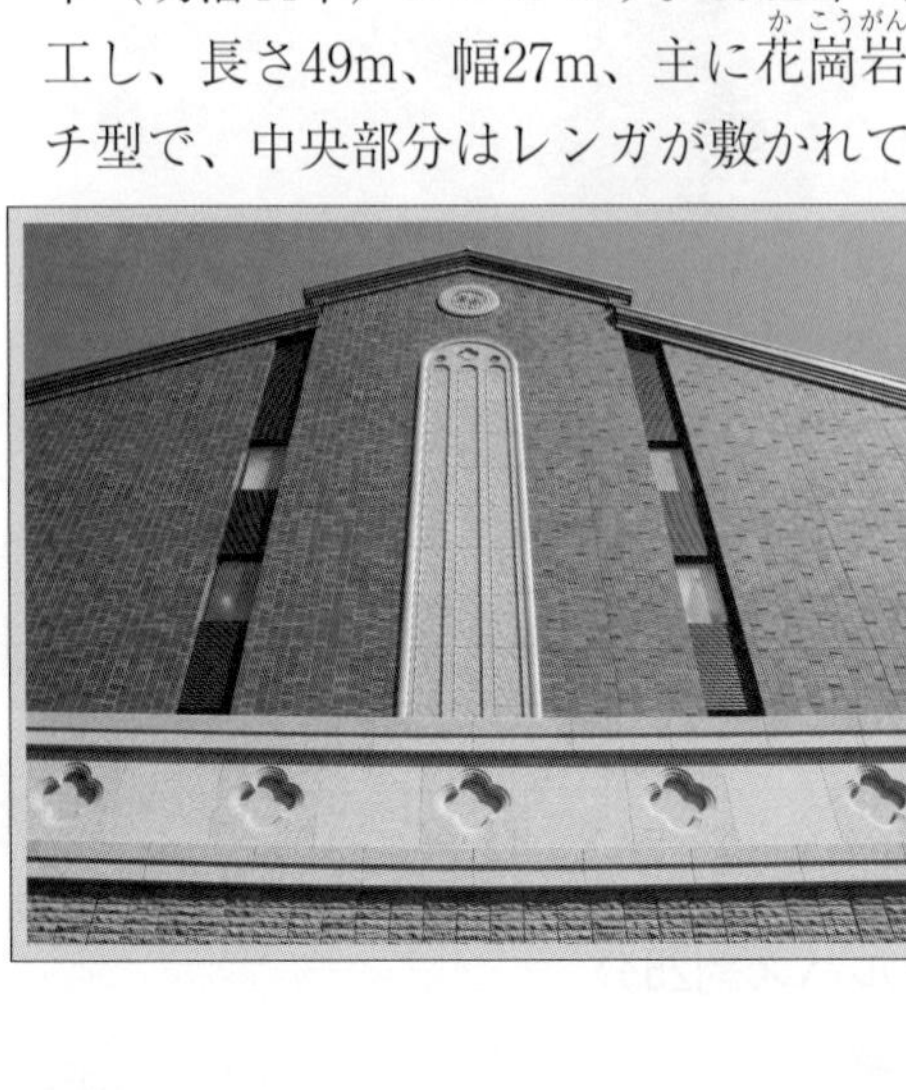

入試問題ならこう出題される 入試によく出る時事ワード

基本問題

①江戸時代の江戸・日本橋を起点に伸びる五つの街道を五街道と呼んでいます。五街道の名前を全て記しなさい。

現在も日本橋は日本の道路の起点とされ、そのたもとには【②　　　　】が建てられています。

2020年に東京で夏季オリンピックが開催されますが、東京で夏季オリンピックが開催されるのは、【③　　　】年に開催されて以来、【④　　】度めのことです。

【③　　　】年に開催された東京オリンピックを迎える際に【⑤　　　　】が整備され、日本橋の上をおおうように建設されてしまいました。

発展問題

①日本橋は、江戸時代に多くの街道の起点になっていました。そのうち新選組の近藤勇が官軍の進攻を防ぐことに失敗した街道として正しいものを一つ選び、記号で答えなさい。

ア、東海道　イ、中山道　ウ、甲州道中　エ、奥州道中
オ、日光道中

②日本橋から最も近く、入り口に大きなライオンの像が置かれているデパートとして正しいものを一つ選び、記号で答えなさい。

ア、高島屋　イ、三越　ウ、東急　エ、松屋　オ、松坂屋

基本問題　解答

①東海道、中山道、奥州街道、日光街道、甲州街道　②日本国道路元標　③1964または昭和39　④2　⑤首都高速道路または都心環状線

発展問題　解答

①ウ　②イ

※今回ご紹介した発展問題は、実際に過去、開成中（東京）で出題されたものです。関西からの力試し受験ツアーを嫌ってのことといわれますが、首都圏の受験生は確実に得点したい問題です。

学習システムが充実し、「入って伸びる」女子聖学院へ

女子聖学院《じょしせいがくいん》中学校

創立112年の歴史を持つ女子聖学院中学校が、さらなる学習環境の充実を目指して2年前にオープンさせた「JSGラーニングセンター」。ラーニングセンターでの学習習慣が定着してきた今、様々なところで成果があがってきています。

東京大学文科一類の現役合格者が誕生

学校改革の一環として、女子聖学院中学校の校内に、２０１５年（平成27年）9月に開設された「ＪＳＧラーニングセンター」（以下、ラーニングセンター）。ここは、家庭学習の「学校内完結」と、「自学自習習慣」の確立を目指す放課後学習支援センターです。職員やチューターが常駐しており、「自習エリア」「質問コーナー」「受付・情報センター」「個別指導エリア」の4エリアで構成されています。

ラーニングセンターの開設は、様々な効果をもたらしました。例えば、**【表1】**は、今春卒業生の高1の7月、高3の7月の模試の成績を比較したものです。ラーニングセンターは彼女たちが高2の9月に開設されたのですが、学年全体と利用者の成績を比較すると、利用者の伸びが学年全体の伸びより大きいことが分かります。また、2年間で偏差値が10以上伸びた生徒の約6割が、ラーニングセンターを積極的に利用していたことも判明しています。

【表1】ラーニングセンター（LC）利用者の模試の伸び

	高1・7月	高3・7月
全体平均	47.4	51.2
LC利用者平均	47.6	54.7

常連利用者からは東京大（文科一類）の現役合格者も誕生しました。塚原隆行教頭先生は「彼女は中1で受けた本校の歴史の授業をきっかけに歴史が好きになり、中2でＮＨＫの大河ドラマ『平清盛』を見て平氏の歴史に興味を持ちました。その後、『平清盛』の時代考証を担当していた東京大史料編纂所《へんさんじょ》の方の番組が放映され、それを見た彼女は『私も東京大で勉強したい』と思うようになったそうです」と話されます。

中2の頃はまだ「夢」だった東京大の合格。しかし高校になってから自ら学びを深め、着実に学力を伸ばしていくなかで、「夢」が「現実」へと変わっていったといいます。その背景には、先生方の手厚いサポートがありました。

「本校では卒業生の勉強歴をアンケートに残してあります。彼女のそれをたどると、予備校は長期休業中のみ利用していた形で、国語、数学、英語はほぼ本校で力を伸ばしていました。特に数学は、個人指導の得意な教員が、毎日のように勉強を見ていました。ラーニングセンターにいる東京大のチューターの応援も大きなプラスになったのではないでしょうか」（塚原教頭先生）

また、新しい取り組みとして、本誌２０１７年7・8月号でも少し触れたように、ラーニングセンターと英語科のタイアップで、英検対策を強化していきます。3級でもライティングの試験が科されるようになりましたが、これらは自分では準備がしにくいものです。そこでライティング対策として、ラーニングセンターが級に応じた英作文の課題を用意し、添削指導を行います。また、リスニング対策としてはセンター内に機材を設置し、二次試験の前に集中トレーニングができるような環境を整えるほか、パソコン教室でオンラインレッスンを受けることもできます。

パソコン教室で英検対策用のオンラインレッスンを受講できます

SAクラスの設置により数学の成績が向上

昨年度は中1（現・中2）のラー

≪JSGラーニングセンター≫

「受付・情報センター」で受付を済ませると、「自習エリア」へ。個別ブース型の机で集中して勉強できます。分からないことが出てきたら「質問コーナー」でチューターに相談を。「個別指導エリア」では、オプションで完全個別指導を受けることも可能です。

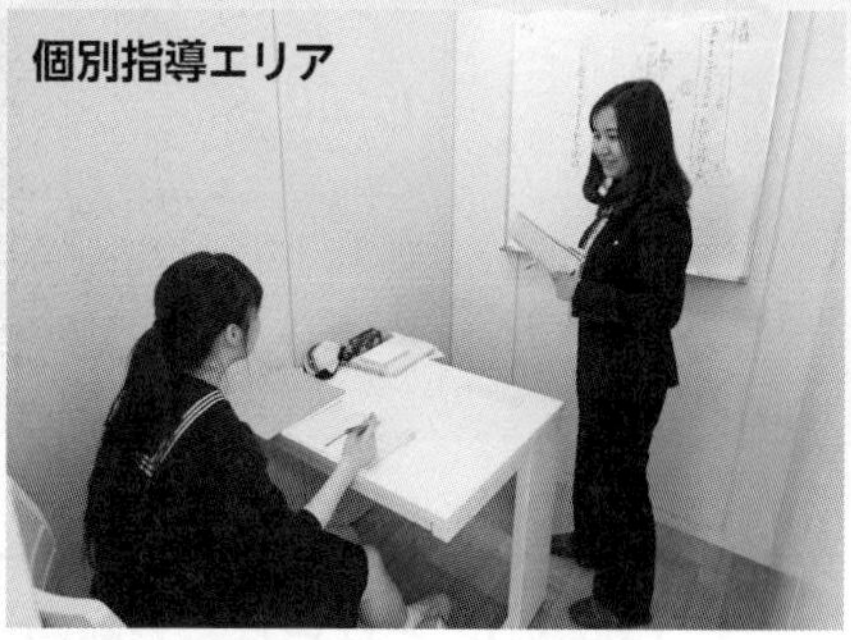

ニングセンター利用度が高かったです。彼女たちはセンターの存在を知ったうえで入学してきているので、積極的に学ぶ意欲がある生徒が多かったのでしょう。低学年のうちからラーニングセンターを活用する習慣を身につけ、それを継続していくのが理想とされています。

　その学年で、うれしいニュースがありました。昨年から英語は、一般生向けのS（スタンダード）クラスと、帰国生や英語既習者向けのSA（スペシャルアドバンスト）クラスに分かれて学ぶ取り組みをスタートさせたのですが、SAクラスで〝数学〟の成績が伸びたのです。

　中学段階で国語・数学・英語の学力をはかるための模試を年2回実施しており、**【表2】**の左側の棒グラフは、入学直後の4月に行った模試の数学の成績分布図です。この頃はまだ早慶上智レベルのトップ層はおらず、日東駒専レベルから下が大勢いる状態です。右側の棒グラフは半年後の10月に行った模試の成績分布図です。少人数とはいえトップ層が現れ、平均偏差値は3あがりました。

　「女子にありがちなことですが、本校でも数学に苦手意識を持って入学する生徒が多くいます。でも本当にできないのではなく、『数学は苦手だ』と思いこみ、その意識が学ぶ意欲を妨げていた面もあったのだと思います。

　SAクラスの生徒は英語に自信があり、授業でも発展的な内容を扱っています。そうした学びをとおして『英語はできるのだから、数学だってきっとできるようになるはずだ』という希望を持って数学の勉強にも取り組んだ結果、成績が伸びたようです。我々はこれを『SA効果』と呼ぶことにしました。今後はこの効果を学年、学校全体のスタンダードにしたいと思います。すでに少しずつ、SAクラス以外の生徒の学力も底上げされてきています」（塚原教頭先生）

　このように、生徒の個性を見極めながら、その個性を伸ばす教育を実践している女子聖学院中学校。日々の授業で基礎学力をつけ、課外授業「JSG講座」（希望者対象）で得意を伸ばし、ラーニングセンターでさらなる学力アップを目指す、というサイクルのなかで、見事、最難関大学に合格できることも証明され、今後ますます「入って伸びる女子聖学院中学校」として、多くの期待が寄せられます。

【表2】SAクラス：数学の伸び

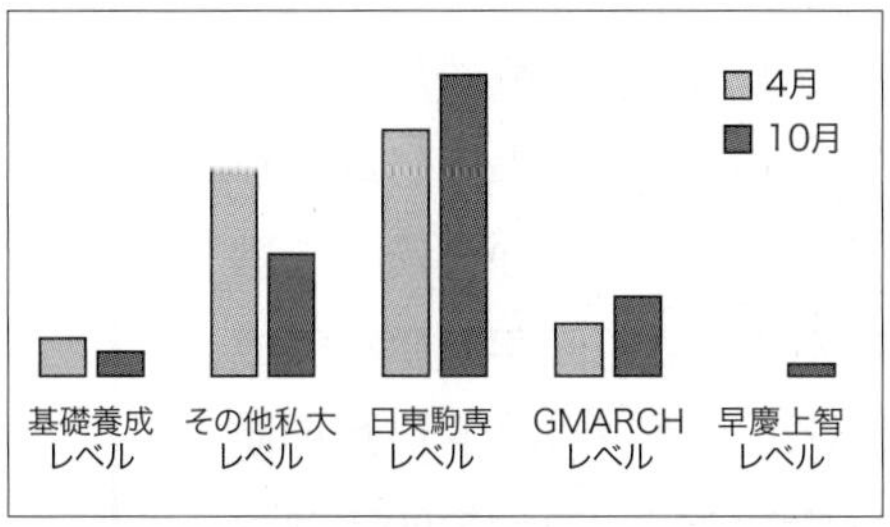

女子聖学院中学校

住　所：東京都北区中里3-12-2
電　話：03-3917-2277
アクセス：JR山手線「駒込駅」徒歩7分、地下鉄南北線「駒込駅」徒歩8分、JR京浜東北線「上中里駅」徒歩10分
URL：http://www.joshiseigakuin.ed.jp

ジュクゴンザウルスに挑戦！

「熟語のことならなんでも知ってるぞ」っていうジュクゴンザウルスが、「このパズル解けるかな」っていばっているぞ。さあ、みんなで挑戦してみよう。 〈答えは103ページ〉

千	軍	万	馬
馬		東	
台			過
		千	

【問題】左表に４つの四字熟語があります。矢印で結ばれたマスには同じ漢字が入ります。下の【リスト】から漢字を選び、空いたマスを埋めて四字熟語を完成させなさい。そのとき【リスト】から使われなかった漢字４文字で別の四字熟語を完成させましょう。それが答えです。

【リスト】

耳	読	秋	一
風	日	雨	耕
晴	一	風	

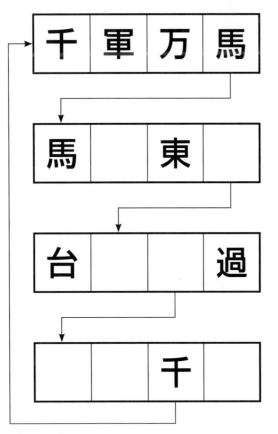

駒込中学校【共学校】

KOMAGOME Junior High School

「本科（AGS）コース」と「国際先進コース」誕生！

―6ヶ年中高一貫の長所を活かす２つの新コース―

駒込の「入試改革」は驚くべき進化を遂げています。高校入試偏差値が理系先進コース71、国際教養コース70、スーパーアドバンス69とトップランクに上梓され、しかも、２４０名募集に１７００名が応募しています。さらに今年、ジュニアコースとして「本科コースＡＧＳ（アカデミック・グローバル・スタディ）コース」と「国際先進コース」が駒込中学に立ち上がります。目の離せない駒込の進化を取材しました。

入学式挨拶はペッパー！

今年の駒込中学の校長挨拶にはペッパーが登場しました。その意図を河合孝允校長は次のように語ります。

「本校は新入生全員がタブレットを持ちます。そして、電子黒板、プロジェクターを用いたＩＣＴ授業をアクティブラーニングとして展開しています。すでに全館Ｗｉ－Ｆｉ環境はできあがっています。理系先進コースにはアメリカやシンガポールが国家戦略として行っている『ＳＴＥＭ教育』を埼玉大学と提携して導入しました。ＳＴＥＭ教育を大学と提携して授業を行っている高校は日本で初めてだと伺っています。この授業は数学をベースにサイエンス、テクノロジー、エンジニアリングを相互横断的に学び、技術、工学分野への根本的・実践的なアプローチを行っています。

当然そこには人工知能を学ぶプログラミングも入ってきます。入学式のペッパーの挨拶はその先取り性を象徴するものであったのです。駒中にはペッパーがいて友人になってくれます。楽しみながら新時代のスキルを身につけて行ってもらうためです」

本格的な21世紀型進学校に舵を切る駒込！

これからの教育は「知るとはできる事」という能動的学習がポイントです。では、これまでの偏差値教育とどこが異なるのかを次に尋ねました。

「これからの教育は、学んだ知識を『思考力、判断力、表現力』を用いて『主体的』に展開していくことが強く求められます。記憶量や計算能力では、人類はすでにＡＩ（人工知能）に勝てません。人類に残されている最後の領域は『智の編集能力』です。ＡＩが生み出す膨大な情報をどのように編集して人々の豊かな明日のために活かしていけるのかが問われています。偏差値教育が縦軸の知識の総量獲得競争であったとしたら、それはＡＩに任せて、今後は横軸の『ディープラーニング』の学びを展開しなくてはなりません。それがこれまでと決定的に異なるところです。本校は心の教育を大切にしていきます。アカデミックな教育をベースに国際性を加味したグローバル教育に舵を切ります」

駒込改革は入試改革では終わらず、次世代教育を見据えた改革を始めています。本格的な進学校にウィングを切りながら進むその先進性に注目です！

School Data

Address
〒113-0022
東京都文京区千駄木5-6-25

Access
地下鉄南北線「本駒込駅」徒歩5分、地下鉄千代田線「千駄木駅」・都営三田線「白山駅」徒歩7分

TEL 03-3828-4141

URL http://www.komagome.ed.jp/

2018年度 中学入試日程

第１回【帰国生入試含】

日程	2月1日（木）午前
受験型	4科（国算社理）または 2科（国算）または 3科（国算英）
定員	40名

第２回【帰国生入試含】

日程	2月1日（木）午後
受験型	4科（国算社理）または 3科（国算英）または 適性検査２科 （思考力・数的処理）
定員	40名

第３回【帰国生入試含】

日程	2月2日（金）午前
受験型	4科（国算社理）または 2科（国算）または 3科（国算英）
定員	25名

第４回【帰国生入試含】

日程	2月4日（日）午前
受験型	4科（国算社理）または 2科（国算）
定員	15名

認め合い、支え合い、励まし合う。
心を動かす進学校。

帝京大学中学校

Teikyo University Junior High School

〒192-0361 東京都八王子市越野322　TEL.042-676-9511（代）

https://www.teikyo-u.ed.jp/

■ 2018年度 中学入試学校説明会　〈対象〉保護者・受験生　〈会場〉本校

	実施日時	内容
第４回	11月15日（水）10：00～11：30	『初めて説明会に参加される皆様へ』
第５回	12月17日（日）10：30～12：00 1月 6日（土）10：30～12：00	『入試直前情報・過去問解説授業』 12月17日・1月6日の説明会は同じ内容です。
第６回	3月10日（土）14：00～15：30	『小学校４・５年生児童保護者対象』

○第４～６回の説明会への参加は予約不要です。
○学校見学は、随時可能です。（但し、日祝祭日は除く。また学校説明会等、行事のある場合は見学出来ないことがあります。）
○平常授業日（月～土）には、事前にご予約いただければ、教員が校舎案内をいたします。

○第34回邂逅祭（文化祭）　10月28日（土）・10月29日（日）

○2018年度入試要項（抜粋）

	第１回	第２回	第３回
試験日	2月1日（木）午前	2月2日（金）午前	2月3日（土）午後
募集定員	40名（男女）	40名（男女）	30名（男女）
試験科目	2科（算・国）・4科（算・国・理・社）より選択		2科（算・国）

●スクールバスのご案内

月～土曜日／登校時間に運行。
詳細は本校のホームページをご覧ください。

JR豊田駅 ←→ 平山5丁目（京王線平山城址公園駅より徒歩5分）←→ 本校
←（20分）→

多摩センター駅 ←（15分）→ 本校

桜丘

WINGS AND COMPASS

勤労と創造 ～未来に翔く翼とコンパス～

説明会日程

第6回	11月12日(日)10:00～12:00	生徒学校紹介+給食
第7回	12月17日(日)10:00～12:00	生徒学校紹介+給食
入試対策会	1月 7日(日) 9:00～12:00	入試直前対策会
第8回	1月13日(土)14:00～16:00	入試直前対策会
ナイト説明会	11月22日(水)18:30～19:30	最終説明会

- すべて予約制です。
- 本校Web http://www.sakuragaoka.ac.jp/より お申し込みください。

■ 上履きは必要ありません。■ 車での来校はご遠慮ください。

アクセス
- JR京浜東北線・東京メトロ南北線「王子」下車徒歩7分
- 都営地下鉄三田線「西巣鴨」下車徒歩8分
- 都電荒川線「滝野川一丁目」下車徒歩1分
- 「池袋」駅から都バス10分「滝野川二丁目」下車徒歩2分
- 北区コミュニティバス「飛鳥山公園」下車徒歩5分

「ユネスコスクール」認定校

桜丘中学校

〒114-8554 東京都北区滝野川1-51-12 TEL:03-3910-6161
MAIL:info@sakuragaoka.ac.jp http://www.sakuragaoka.ac.jp/
@sakuragaokajshs http://www.facebook.com/sakuragaokajshs

School Selection

6年間の経験と挑戦を糧に
「たくましく！せかいへ」

東《とう》京《きょう》都《と》市《し》大《だい》学《がく》付《ふ》属《ぞく》
中学校・高等学校

School Information〈男子校〉

- Address：東京都世田谷区成城 1-13-1
- TEL：03-3415-0104
- Access：小田急線「成城学園前駅」徒歩 10 分
- URL：http://www.tcu-jsh.ed.jp/

「たくましく！せかいへ」というテーマを掲げる東京都市大学付属中学校・高等学校は、自己を確立し、世界に視野を広げながら、困難に立ち向かえる男子を育成しています。

困難に立ち向かう たくましい男子を育てる

かねてより、生徒主体の学びを大切にしてきた東京都市大学付属中学校・高等学校（以下、東京都市大付属）。昨年度より、「たくましく！せかいへ」を新しいテーマとして掲げています。

「『たくましく』とは、嫌なことから逃げず、困難に立ち向かい、乗り越えていく生徒たちを表します。中高6年間でいろいろなことに挑戦し、失敗を繰り返しながら、たくましい力を身につけていってほしいのです。『せかいへ』には、ふたつの意味があります。ひとつは、自分の世界を確立していくこと。もうひとつは、グローバルな世界を意味します。グローバルに対応するには、まず自分の世界を確立しなくてはならないということです。本校では、このふたつの『せかいへ』を実現させるための教育プログラムを多数用意しています」（小野正人校長先生）

ビジョンを明確化する たくさんの経験の場

ひとつ目の「せかい」、つまり自分の世界を確立させるための要素として、東京都市大付属は体験を大事にしています。課外活動が充実しており、クラブ加入率は99%、生徒会活動も盛んです。

また、以前からアクティブラーニングを取り入れた授業を展開しており、生徒が能動的に学んでいます。一方で、アクティブラーニングというのは、あくまでも学びの手法であって、まず基本となる知識を蓄えることを大切にしたカリキュラム編成になっているのも特徴のひとつです。

「私がよく言うのは、ライオンを見たことのない人はライオンの絵は描けません、ということです。引き出しの中身を宝物でいっぱいにしなければなりません」（小野校長先生）

そのうえで、日常の授業や行事などをとおしてアウトプットするのが、東京都市大付属のアクティブラーニングなのです。

中1・中2で行われる「弁論大会」では、全員が、自分の選んだテーマについてまとめ、クラスメイトの前で発表し、投票してクラス代表を決めます。そのテーマも、近年はどんどん社会的かつ多様なものになってきているそうです。

中3の「キャリア・スタディ」では、1年間をかけて、社会人OBや保護者の協力を得ながら、企業訪問や研修、インタビューを積み重ね、11月の発表会につなげます。こうした過程のなかで将来のビジョンを明確にしていく生徒も少なくありません。

「ある生徒は、論文の執筆をとおして夢を見つけ、理系から文系に進路を変更しました。またある生徒は、東京大がA判定だったにもかかわらず、本当に自分のやりたいことが実現できる他大学を選びました。こうして、生徒たちは自分の世界を確立していくのです」（小野校長先生）

グローバル体験の豊富さは他校にはない大きな特徴

ふたつ目の「せかい」、つまりグローバルに対応すべく、学校と世界をつなぐのが「国際理解教育」です。常にブラッシュアップされており、他校にはないユニークな内容です。

例えば、「マレーシア異文化体験」（中3希望者対象）は、多民族が集まるマレーシアの村で、ホームステイをします。生徒たちは異文化に戸惑いながらも、自分の力で乗り越え、帰国する頃には「もっといたい」と、満面の笑みを見せるのだそうです。

「ニュージーランド語学研修」（高1希望者対象）では、現地校のバディと一緒に授業を受けます。小野校長先生は「参加した生徒が開口一番、『3週間でネイティブのようになれた』と話していて、たくましさを感じました」と振り返られます。

さらに、昨年から「アメリカ西海岸研修旅行」（高1全員対象）が始まりました。アメリカ西海岸でホームステイをしながら、シリコンバレーの企業やUCLA、カリフォルニア工科大学などを訪問。世界をリードする最先端の科学技術学問に触れられます。

そして、今年からスタートするのが中3を対象とした「ニュージーランド3カ月ターム留学」です。3学期の3カ月間、現地にホームステイで滞在しつつ、現地校に通います。

これだけ海外研修の機会がある学校はそうありません。さらに、世界に触れるチャンスは学内にも用意されています。4年前に導入された「帰国生入試」により、多くの帰国生が入学し、今年の中1にいたっては2割を超えるほどで、彼らから「一般生がいい影響を受けている」とのこと。英語能力の高い生徒が対象となる「英語取り出し授業」には、一般生も複数人参加しています。今年2月に初めて開催された海外大学への進学説明会には200人が集まるなど、生徒の意識は着実に「せかい」へと向いています。

このように、生徒たちが、「たくましくせかいへ」歩みつづける東京都市大学付属中学校・高等学校。

今年の中3は、全国模試において、東京大合格者を何名も輩出しているような学校群と比較しても、それを上回るような成績を残すなど、学力面でも大きな伸長を見せており、今後がますます楽しみな学校です。

企業訪問

弁論大会

アメリカ研修旅行

■2020年大学入試改革も見据えた学校改革➡十文字はさらに前進します!!

21世紀のグローバル社会でもしなやかに逞（たくま）しく生きていけるように、正解のない課題に対しても論理的に前向きに考えて解決できる力を育てます。価値観の異なる意見も認めてともに協力しあい、どんな困難に直面しても決してあきらめない、オープンマインドを育てます。

MOVE ON プロジェクト①

中学では、スーパー選抜クラスで成果を上げてきたプログラムを全クラスに採り入れて、英語教育も一層充実させています。

高校では希望進路に応じたクラス分けを行います。

MOVE ON プロジェクト②

生徒の内発的動機付けを重視したアクティブラーニングをグレードアップ、さらにＩＣＴ教育の一環として全教室に電子黒板を設置し、デジタル教材を活用して生徒の能動的な学びをサポートしています。

MOVE ON プロジェクト③

理系進学者の増加に応えて実験室前フロアーをサイエンス・パークに改装し、ますます理科に興味を抱いてもらい、知的好奇心旺盛なリケジョを育てています。

■2018年度中学入試 ➡「3年間特待（3年間授業料免除他）」を新設します!!

	帰国生入試	第1回 スーパー型 特待入試	思考力型 特待入試	第2回 スーパー型 特待入試	第3回 スーパー型 特待入試	チャレンジ型 入試	得意型 特待入試
試験日	11／26（日）	2／1（木）			2／2（金）		2／4（日）
	午前	午前		午後	午前	午後	午前
募集人員	約10名	約50名	約10名	約60名	約20名	約20名	約10名
試験科目	英国算から 2科選択	2科 あるいは 4科	記述式 総合問題	2科	2科 あるいは 4科	算国 あるいは 英国	英 あるいは 算

◆入試説明会 要Web予約

10/21（土）14:00～15:45
11/ 7（火）10:00～11:45

◆イブニング説明会 要Web予約

11/17（金）18:45～19:45

◆入試体験会 要Web予約

11/19（日）10:00～12:00
12/17（日）10:00～12:00

◆個別相談会 予約不要

12/23（土･祝）10:00～16:00
1/ 6（土）10:00～16:00
※時間内で随時対応します。

十文字中学・高等学校

〒170-0004 東京都豊島区北大塚1-10-33 Tel. 03（3918）0511
http://js.jumonji-u.ac.jp/

東京成徳大学中学校

ニュージーランドでの３カ月が生徒の英語力と心を育てる

創立100周年を見据えて「成徳」の精神を持つ
グローバル人材の育成を目指している東京成徳大学中学校は、
ニュージーランド学期留学を全員参加で実施します。

ニュージーランド学期留学を全員参加プログラムに

「成徳」（徳を成す）を建学の精神として、１９２６年（大正15年）に創立された東京成徳大学中学校（以下、東京成徳大中）。創立90周年を機に、２０２５年に迎える創立１００周年を目指して「東京成徳ビジョン１００」を作成しました。そこで、建学の精神と「五つの教育目標」（おおらかな徳操、高い知性、健全なる身体、勤労の精神、実行の勇気）を引き継ぎながら、これからの10年を見据えて「『成徳』の精神を持つグローバル人材の育成」に注力することを掲げています。

　そんな東京成徳大中のグローバル人材育成教育のひとつに、希望者を対象としたニュージーランド学期留学プログラムがあります。中３の１月上旬に日本を出発し、４月上旬に帰国するまでまるまる3カ月間、ニュージーランド・オークランドの現地校に留学します。

　スタート当初は希望者は10数人でしたが、「参加した生徒の保護者から教員に対して『先生、これはいいですよ』という声を多くいただきました。そういうことであれば、生徒に対してもっとこのプログラムをアピールしてみよう、ということで学内での広報の仕方を変え、その後、学年定員１６０名で3～4割が参加するようになりました。現中3生は6割の生徒が参加します」と中村雅一副校長先生は話されます。

　このニュージーランド学期留学が、２０１７年（平成29年）入学生から全生徒対象のプログラムへと生まれ変わります。

　「これまでに参加した生徒は、スタートした14年前から合計で５４０名を超えますが、ひとりも途中でリタイアしていません。そして、日本に戻ってきてから高校の3年間が残っているわけですが、彼・彼女らのその後の3年間を見ていると、積極的な人間に変わりますし、英語のリスニング力も飛躍的に伸びます。そして一番大きいのは、生徒の親離れと保護者の子離れが進み、心が大きく成長することです。自分の将来設定も明確にできる生徒が増えることも特徴です」（中村副校長先生）

　こうしたメリットに加え、グローバル人材を育てるという目標に鑑み、とにかく自ら英語を話してみようというマインドを中学生から育てること、また、（異国の地で）失敗も含めて様々な経験をさせることで難問・課題にぶつかった場合に自己解決できる力を養うために、全員参加のプログラムにしようということになりました。

個人留学にできるだけ近い環境を用意

　留学の内容についてご紹介しましょう。

　ニュージーランド・オークランドとその周辺の学校に、１校3人までで留学します。3人までしか同じ学校に入れない理由は、日本語をできるだけ使わない環境に置かせたいからです。日本人が多いと、どうしても休み時間や放課後などに集まって遊んでしまいます。そうではなく、できるだけ個人留学に近い形にしたいという考えがあるのです。

　「英語教育の部分では、4技能のうち、とにかくスピーキングとリスニングの力をつけたい。本校は、ライティングとリーディングはもともと力を入れてきた学校です。ですから、4技能をしっかりと鍛えることができれば、実社会はもちろん、来たる大学入試改革においても、アドバンテージになると考えています」と中村副校長先生。

ニュージーランド学期留学で生徒は大きく成長します

出発までには周到に準備が行われます。英語の授業では、留学に向けての一般的な必要知識や日本の伝統についてのおさらいなどがあります。中1の1学期から、各学期に1回、イングリッシュキャンプが実施されます。

現地では最初の2週間、現地の語学学校で短期集中型のカリキュラムを受け、英語に慣れていきます。そのあとは各自が1家庭ひとりでホームステイ先に移り、現地校での学習スタートです。

「最初の1カ月あたりでほとんどの生徒が壁にぶち当たります。言葉の壁、文化の壁、習慣や宗教の違いによる壁などに当たり、ホームシックになります。そうしたなかでひとりで考える時間が多くなり、日本にいた時は、周りの人が自分のためにいろいろなことをしてくれていたかが身にしみて分かります。そして、これまで誰もリタイアした生徒がいないということは、それを乗り越えて、英語で自分をアピールして現地で友だちをつくったりしていくということです。3カ月目になる頃にはみんななじんで、『日本に帰りたくない』と言います。『またニュージーランドに戻りたい』という生徒も出てくるほどです」（中村副校長先生）

このように、英語力と、人としての心の成長が望めるニュージーランド学期留学。当然費用が必要ですが、その点でも配慮がなされています。

「高校入学時に入学金はいただいていませんし、そもそも学費は東京の私立校の平均より安いです。また、この留学が全員参加となることで、中3での修学旅行がなくなります。ですから、総合すると6年間トータルでも東京の私立校の平均程度になる予定です。学習面でも進学塾に通う必要がない体制を整えているので、そういった出費も抑えることができるのではないでしょうか」（中村副校長先生）

ユニークかつ、生徒のこれからのために考えられているこの留学プログラムを、ぜひ東京成徳大学中学校で体験してみませんか。

School information
【共学校】

Address：東京都北区豊島8-26-9
TEL：03-3911-7109
Access：地下鉄南北線「王子神谷駅」徒歩5分、JR京浜東北線「東十条駅」徒歩15分
URL：http://www.tokyoseitoku.jp/js/

学校説明会

11月19日(日)
12月17日(日)※出題傾向説明
1月 6日(土)※出題傾向説明
1月21日(日)

試して確かめる力を育む

＼親子でやってみよう／

科学マジック

風船串刺しの術

風船は鋭い針先などで刺すと、パァーンと大きな音を立てて割れてしまいます。でも、今回紹介する「術」を使うと、とても不思議なことが起こります。ただ、このマジックは針のように鋭い串を使うので、お父さんやお母さんと一緒に行うようにしてください。

1 用意するもの

①膨らませた風船（予備も用意しましょう）
②魚料理用の長い金串（長めの竹串でもできます）

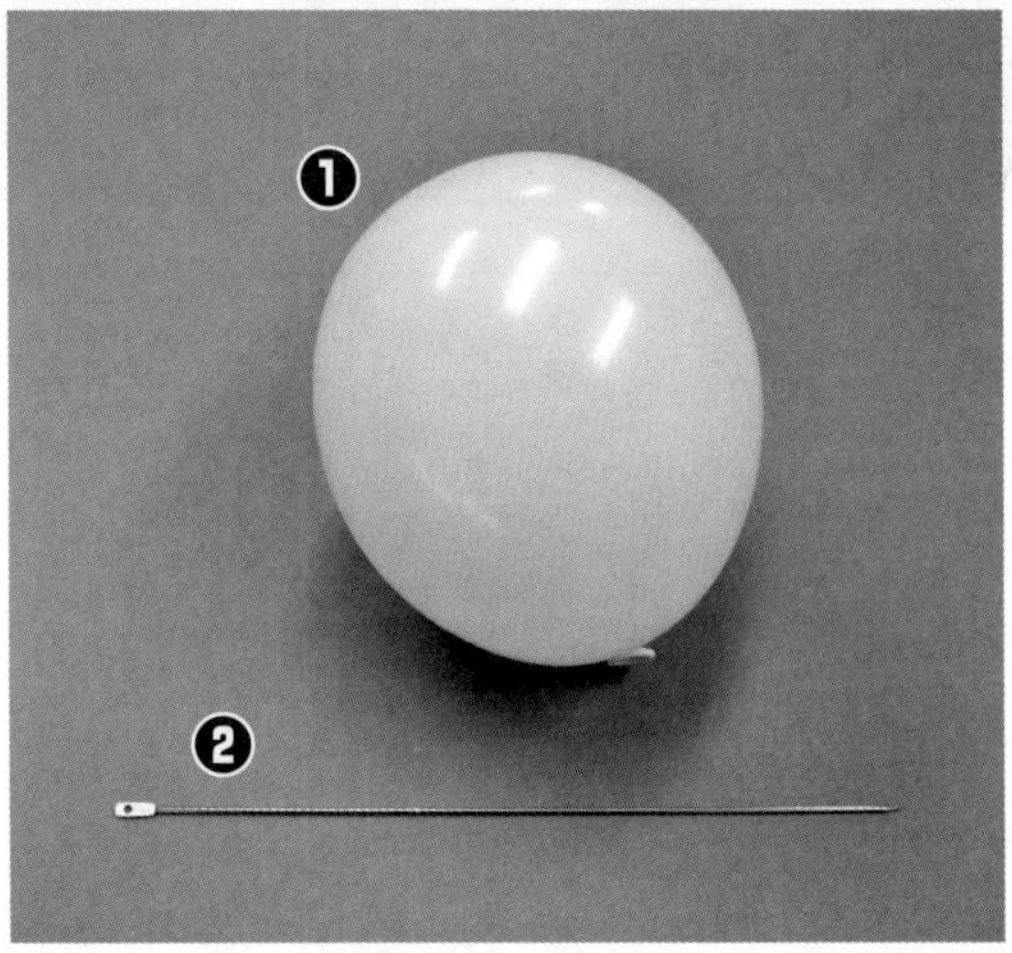

2 風船に串を刺す

「不思議な術をお見せします」と、おまじないをとなえ、風船の口元の方から串をゆっくりと刺します。初めは力がいります。

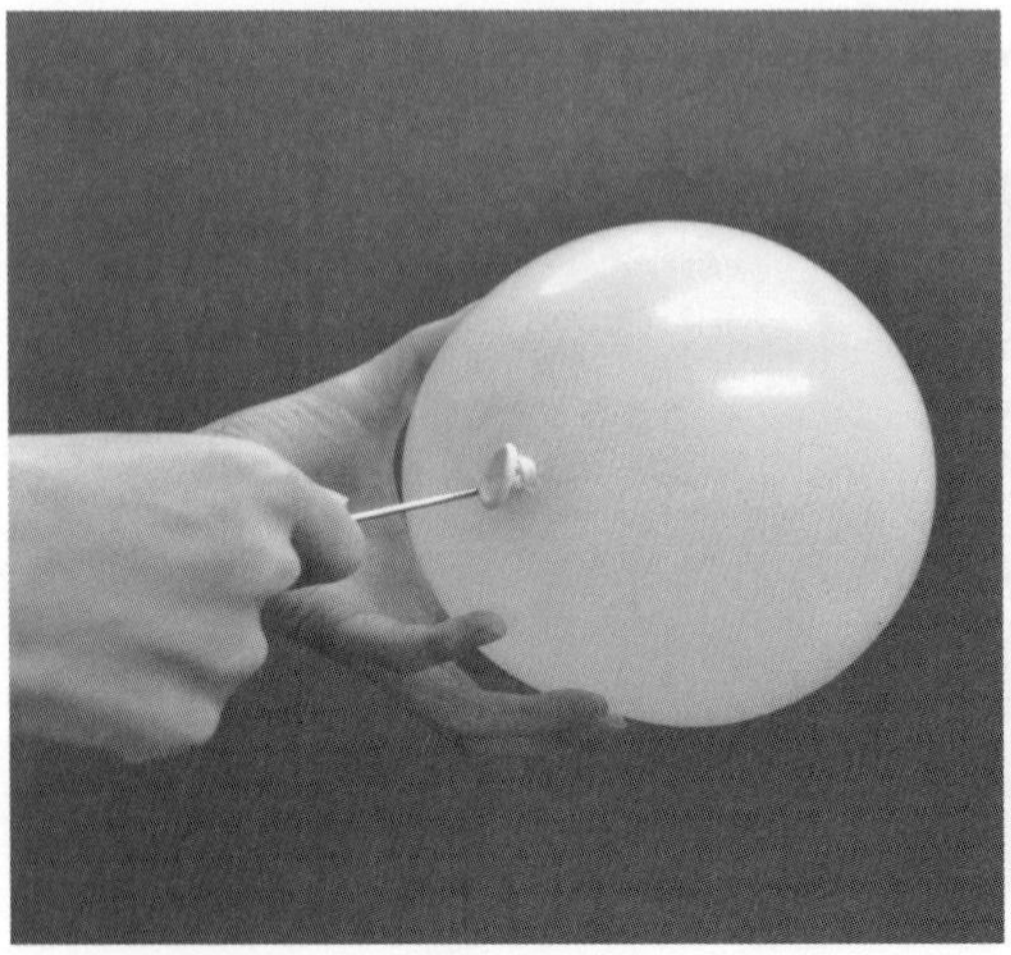

3 風船は割れずに串が…

風船に串が刺さりましたが、風船は割れていません。空気も漏れ出てはきません。

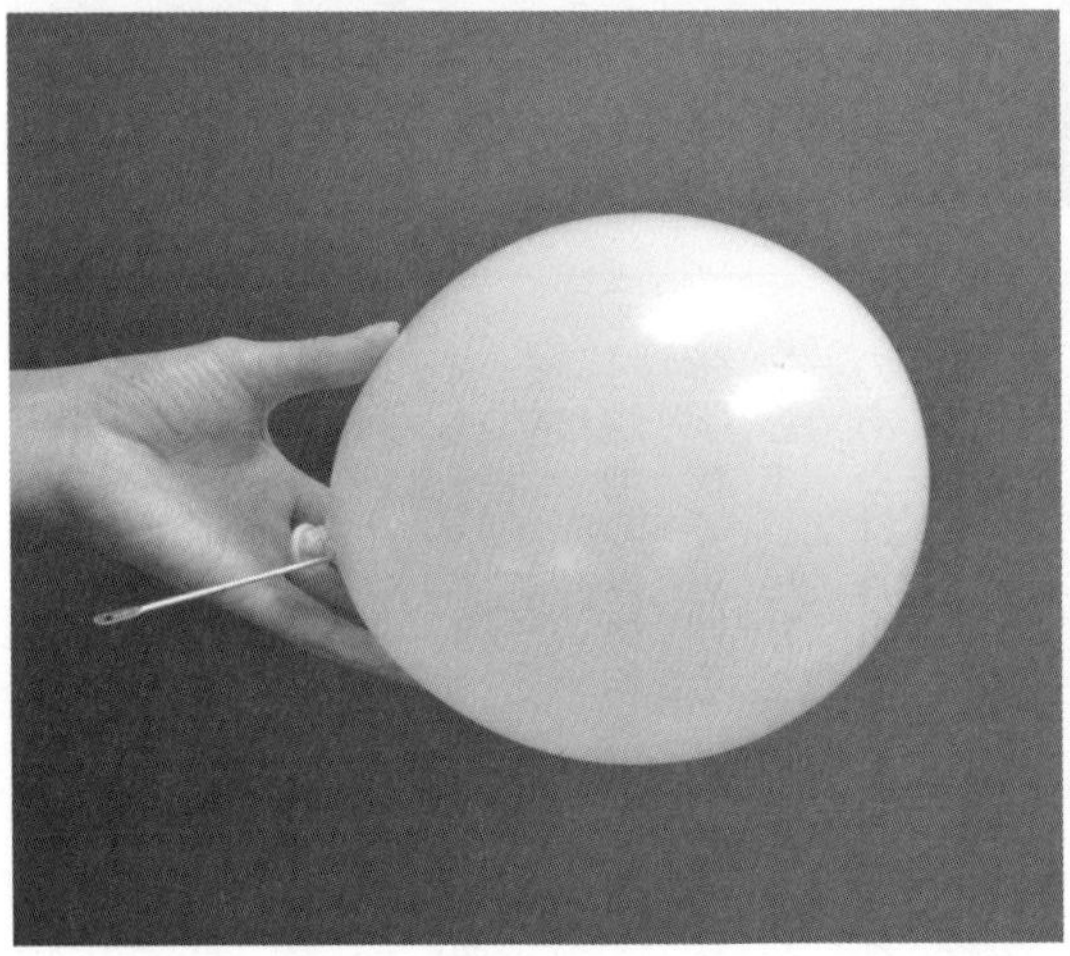

4 さらに串を押し込んでいく

その串を、さらに風船のなかに押し込んでみましょう。さあ、どうなるかな。

5 風船が串刺しに!

あらら、なんと串が風船を貫きとおし、串刺しになってしまいました。風船は割れていないどころか、そのまま置いておいてもなかなか空気は漏れず、串刺しの状態のままです。

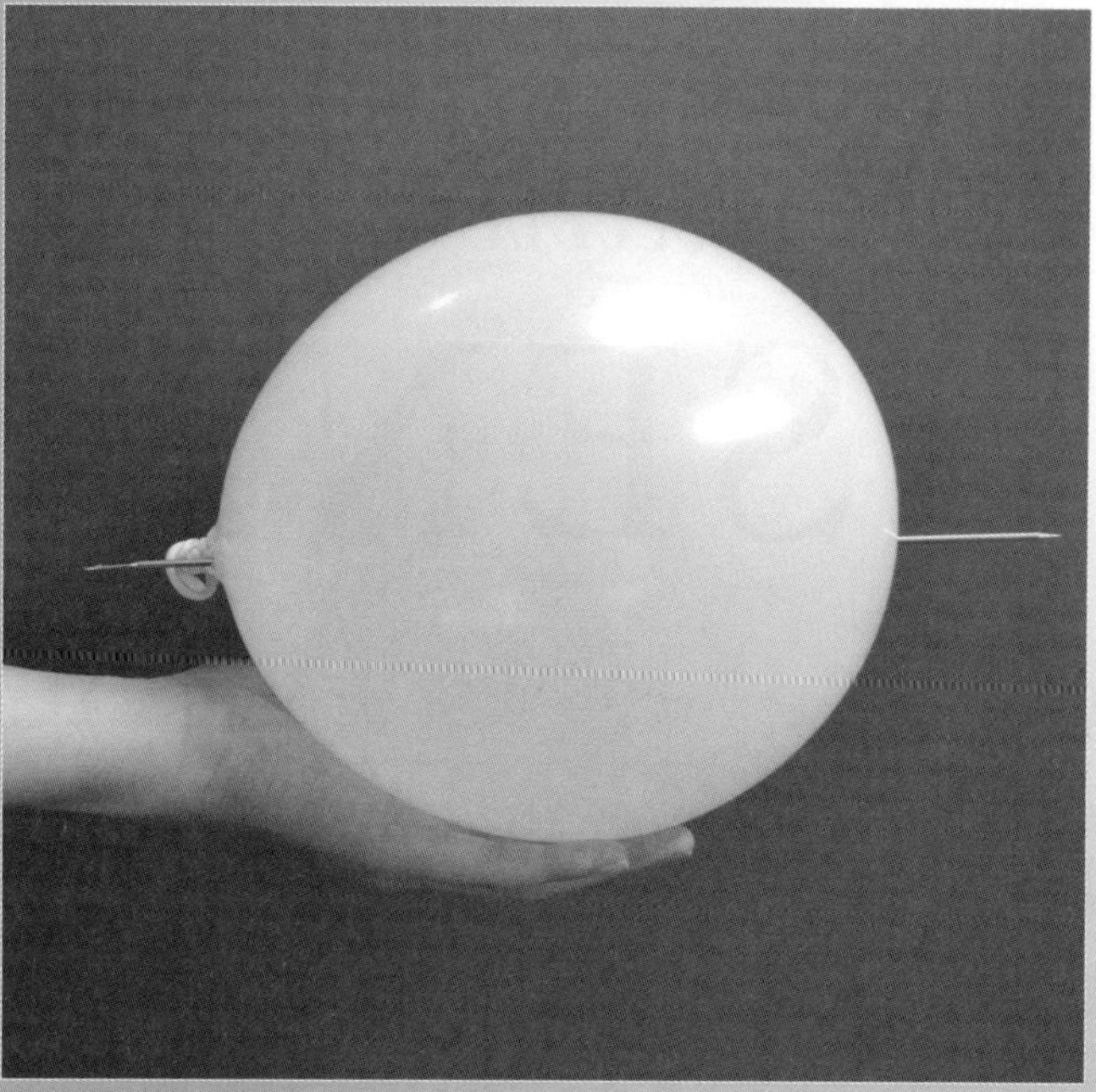

解説

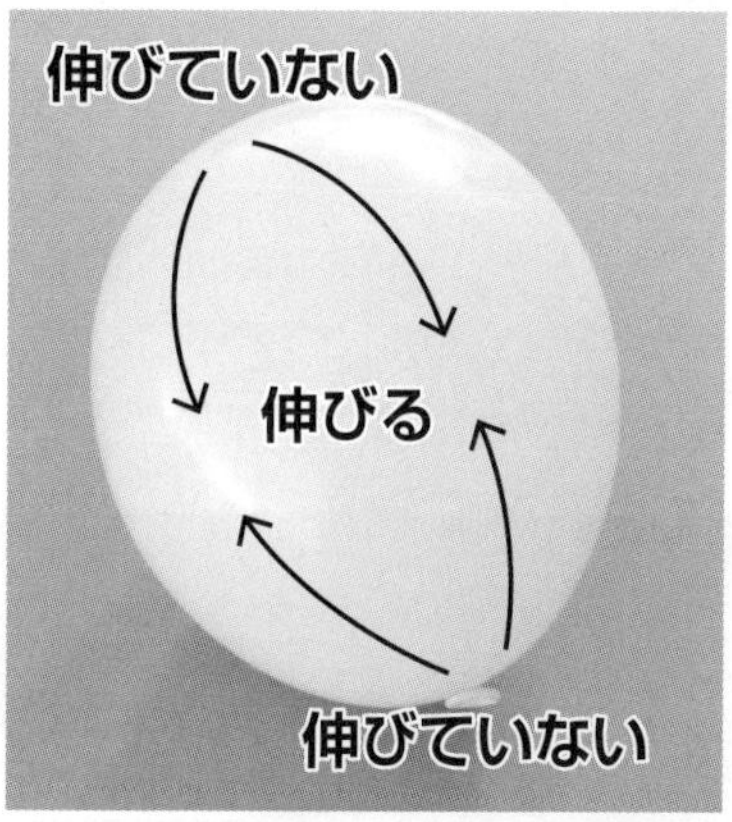

このマジックを成功させるには、少しコツがいります。

まず、串を刺すところは、口元の風船のゴムの色が濃いところに刺すのがコツです。ゴムの色が薄いところを刺すと風船は割れてしまいます。

そして、反対側の貫通させるところも、風船の頂点にあるゴムの色が濃くなっている「へそ」と呼ばれるところを貫通させるのです。反対に頂点の「へそ」から刺して、口元に貫通させることも可能です。

なぜ、風船は割れないのでしょうか。写真の矢印のように、風船の中央部はよく伸び、均一に膨らんでいるように見えますが、口と頂点の「へそ」の部分は伸びきっていないので、串を刺しても割れないのです。中央付近は周り全体から伸ばす力がかかって伸びますが、口と「へそ」には上下の片方からだけ伸ばす力が働いています。

安《やす》田《だ》学《がく》園《えん》中学校 共学校

自ら考え学ぶ力を育む「校外学習」

学習法体得合宿（全コース1～3年）

安田学園では、学習習慣や予習・復習の基本的な学習方法を身につけるために、「学習法体得授業」を行っています。今回ご紹介する「学習法体得合宿」は、その宿泊型の学習活動であり、中学1年生から3年生の全員参加で行われます。各学年とも1学期の中間試験終了後の6月中旬に、成田ビューホテルにおいて3泊4日で行われる中学全体での大イベントです。

「学習法体得合宿」は60分を1コマとし、その時間の中で「予習⇒授業⇒復習」を行います。英・数・国の3教科において行われ、授業をそれぞれ3回、予習・復習のための独習を15回行うため、朝から夜まで、勉強するだけの非日常的な4日間の学習体験をします。この合宿の目的は、生徒自身が中間試験までの自分の学習法を振り返り、間違っていたところ、足りなかったところなどを確認し、これからの日々の学習法の改善に役立てることです。また、非日常的な学習体験による達成感と充実感を体験することで、自学習慣および努力して学ぶ姿勢を育て、集団生活を通じて、集団における個の在り方や規律ある生活習慣を身につけることができます。

学習法体得合宿に初めて参加した1年生の感想は、「効率よく勉強ができた」「とても貴重な体験だった」「自分のスピードで好きなだけ問題が解けた」「1時間の独習が10分に感じたぐらい集中できた」「やりきったという達成感があり気持ちよかった」など前向きな感想が多くみられました。

学習法体得合宿での独習

野外探究（先進コース1～3年）

安田学園では、先進コース独自の授業として探究があります。授業探究では、「疑問を発見」⇒「仮説を立てる」⇒「仮説を検証」というサイクルを実行しながら、議論や発表を通じて本質を追究していく習慣を形

1年生 野外探究 磯

2年生 野外探究 森林

成します。これにより、「根拠をもって論理的に考える力」、「自ら追究し学ぶ力」、「最難関大学を突破する力」、「社会に出た後も活かせる能力」などが育成されます。

探究の授業では野外での活動を中心に各学年テーマを持って探究を行っています。1年生は自然をテーマに上野動物園で行われる野外探究・動物園（5・11・1月）と千葉の房総で行われる野外探究・磯（8月）があります。この野外探究・磯では、サポートしてもらう東京海洋大の准教授もびっくりするほどの疑問も飛び出すなど、生徒の知的好奇心をさらに高める活動となっています。

2年生では、森林をテーマに1年生で学んだ観察方法を応用し、自然と人間をテーマに国立科学博物館附属自然教育園における野外探究・自然教育園（6月）、新潟県十日町市で行われる野外探究・森林（8月）があります。

そして、3年生になると人間と社会をテーマにカナダ大使館を訪問する野外探究・首都圏（6・11月）、さらに5年生（高2）のグローバル探究・英国に向けて、英語力アップのためのカナダ語学研修（8月）を中学段階で実施しています。

NZ語学研修（特英コース3年）

特英コースは、国際人として幅広い知識とハイレベルな英語総合力を育成するためのコースで、総合コースの3年次に選抜されます。

ニュージーランド語学研修での授業の様子

特英コース独自の行事として、3年生の3月にホームステイ（1家族1名）による3週間のニュージーランド語学研修を行っています。現地語学学校での英会話の授業や現地校との学校間交流など、色々な体験プログラムを用意していますが、特に学校間交流では、プレゼンテーションとして現地の生徒や教員に向けて英語で日本の文化の紹介を行います。その後授業に参加したり、スポーツを一緒にやったりと生徒間のコミュニケーションを深めていきます。その他にも、ニュージーランドならではのアクティビティーやマオリ族との異文化交流もあります。

また、ホームステイでは、ホストファミリーとの日常的な生活の中で言語以外の多くのことを学ぶことができます。帰国前のお別れパーティでは、生徒自ら日本独特の料理を作り、ホストファミリーに振る舞います。今年のお別れパーティでは「お好み焼き」をホストファミリーと一緒に作ってみんなで食べたようです。

このニュージーランド語学研修では、最初は自分から話すことができなかった生徒も徐々に話すようになり、3週間でかなりの成長が見られます。この語学研修の体験をさらに深めようと、短期留学や海外大学進学を志望する生徒が増えてきています。

安田学園中学校

〒130-8615 東京都墨田区横網2-2-25
TEL 03-3624-2666
https://www.yasuda.ed.jp/

■学校説明会（予約不要）
11/19(日) 9:30 ※入試体験あり（要予約）
12/16(土)14:30 ※入試直前対策あり
1/13(土)14:30 ※入試直前対策あり

■安田祭
11/3(金・祝)・11/4(土) ※個別相談あり

教えて中学受験Q&A

6年生

Question

模擬試験の成績に大きな波がある場合
本人の実力をどうみればいい？

５年生の時から継続的に模擬試験（以下、模試）を受けています。この模試の成績が、その都度大きく変動するため気になっています。総合成績も、科目ごとの得点も波があります。こうした場合、本人の実力をどうみればいいのでしょうか。

（板橋区・Ｓ．Ｙ.）

Answer

波があることもポジティブにとらえて
模試を効果的に活用していきましょう。

成長過程の小学生の場合、出題されたのが習ったばかりの分野でいい点が取れた、理解が不十分な分野で点が伸びなかったということがあるため、時期や状態によって波があるのは当然です。模試のデータは志望校選択や合否可能性の判断には有益ですが、得点や偏差値にこだわることがいい結果に結びつくとは限りません。模試はできた部分、苦手な部分をチェックするためのものだと考えることが大切です。

とはいっても結果は気になるでしょうから、「波がある」＝「実力が発揮できて、いい点が取れることもある」とプラスに考えていきましょう。そのうえで失点した部分について、問題を読み違えたのか、単純なケアレスミスをしたのか、勉強が行き届いていないために解けなかったのかなどと原因をきちんと分析していくことで、次に同じような問題が出た時に対応できるようになります。お子さんの学力状況をチェックする好機だととらえて、模試の答案を上手に利用してください。

疑問がスッキリ!

2〜5年生

Question

子どもが文系か理系かは
どうやって判断するの?

将来の進路を考えた時、子どもの適性を判断しておいた方がいいのではないかと思っています。小学4年生の息子が文系向きなのか、理系向きなのかを知るにはどうしたらいいのでしょうか。算数や理科が得意だったら、理系に向いていると判断していいものなのでしょうか。

(稲城市・K．E．)

Answer

小学生のうちから文系・理系の
判断をするのは時期尚早です。

結論から言うと、小学生のうちから文系や理系を意識する必要はないと思います。今の段階では、算数や理科が得意だから理系向きという判断はできませんし、その判断が将来プラスになることはほとんどないからです。確かに国語や社会は文系科目、算数や理科は理系科目として一般に理解されていますが、現在の学問体系のなかでは、文系・理系という画一的な区別にあまり大きな意味はないとされています。

ですから小中学生の間は、お子さんが文系・理系どちらなのかを気にするよりも、どの科目もまんべんなく学習していくことをおすすめします。そうしたなかから自分が勉強したいこと、やってみたい分野というものが自然に見つかってきます。文系・理系を意識するのは、高校生になってからでも遅くはありません。大学受験の科目では文系科目・理系科目の別はありますが、文系志望者であったとしても数学や理科が得意であることは大きな利点になりますし、その逆もいえます。

三田国際学園中学校

MITA International School

School Information
〈共学校〉

Address
東京都世田谷区用賀2-16-1

T E L
03-3707-5676

Access
東急田園都市線「用賀駅」徒歩５分

U R L
http://www.mita-is.ed.jp/

新しい入試制度導入で多様な生徒が集う学校に

2018年度（平成30年度）入試から、入試制度の変更や新方式導入を行う三田国際学園中学校。その狙いに迫りました。

来春、共学化から4度目の入試を迎える三田国際学園中学校（以下、三田国際）は、インターナショナルクラスの設置やICTを積極的に活用した双方向型授業など、共学化とともに教育改革を進めてきました。

変化の激しい現代社会において、必要とされる思考力や創造力、課題解決能力を育てようとする、その先進的な教育カリキュラムが評価され、過去3年間、毎年受験者数を増やしています。

そんな三田国際の入試制度が来春から変わります。来春も多くの受験生が集うことが予想される三田国際の入試がどう変わるのかを見ていきましょう。

まず、今春までは国語・算数の2科、もしくは国語・算数・社会・理科の4科のどちらかを選ぶことができましたが、これが4科のみとなりました。また、本科クラスで、全部で5回行われる入試のうち、2月4日の第5回に「21世紀型入試」が導入され、4科入試とのどちらかから選択する形になります。そして、インターナショナルクラスは、第2回と第4回は4科か英語のどちらかを選んで受験します。

さて、なかなか聞き慣れない「21世紀型入試」ですが、どういった形式で行われ、また、どういった力が問われるのでしょうか。三田国際から発表されているアドミッションポリシー（入学者受け入れ方針）が左の表です。

このアドミッションポリシーについて、三田国際の教頭、学習・進路指導部長、田中潤先生に伺いました。

「まず『入学者に求める姿勢』ですが、この全てが習慣づけられていて、全部ができていないといけない、ということではありません。その素養があるかどうかを見たいのです。

ひとつ目の『世界に対する強い興味…』という項目ですが、本校の前身である戸板中学校時代から掲げられている『知・好・楽』とつながっています。勉強をすることで知識を得て、それがさらに面白くなって好きになり、そして、その学びが楽し

三田国際学園中学校のアドミッションポリシー

【入学者に求める姿勢（入学前・入学後の習慣）】

・世界に対する強い興味や関心を有し、その興味や関心を自ら探求する姿勢。
・異なる価値観を有する他者の意見を受容し、協働を通じて新たなものを生み出そうとする姿勢。
・三田国際学園の学びを十分に理解し、その学びを促進しうるリーダーシップ。
・三田国際学園での学びを、社会との関係の中で体現し、問題を解決する姿勢。

【入学者に求める潜在力（可能性）】

・自身が知りたいことと、世界において知らなければならないことを認識することができる。
・必要な情報を取捨選択し、その分析を通じて、情報の核心を探ることができる。
・知識（経験）や情報を統合し、最適な解答を導くことができる。
・他者と協働しながら、新しい考え方を生み出すことができる。
・問題を発見し、解決への仮説を立て、それを適切な方法で検証し、結論を導くことができる。
・多様な価値観を持つ他者を想定した上で、自身の考えを伝えることができる。

＜４科入試・社会　思考力を測る問題＞（サンプル問題）

2016 年に選挙権が引き下げられ 18 歳からとなりました。これに関連し、資料Ⅰ・Ⅱは有権者の現状や今後の推移を踏まえたものです。資料を参考に、あなたが 2030 年の衆議院議員選挙小選挙区に立候補したとして、どのような政策を掲げますか。目玉となるものを一つ挙げ、その理由を述べなさい。また、今後強まると類推（予想）される民主主義の問題点を述べなさい。

資料Ⅰ－衆院選挙投票率の推移

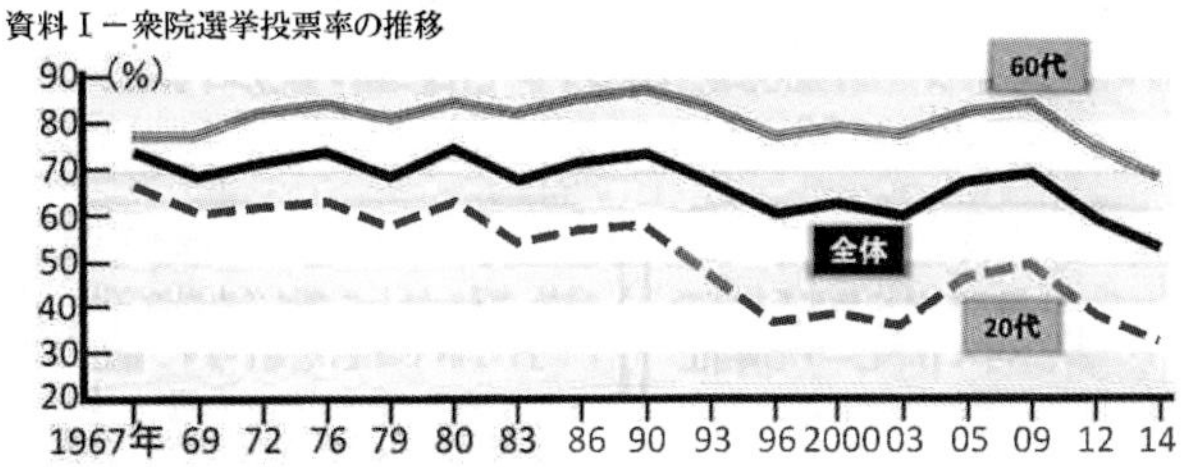

資料Ⅱ－有権者の世代別割合

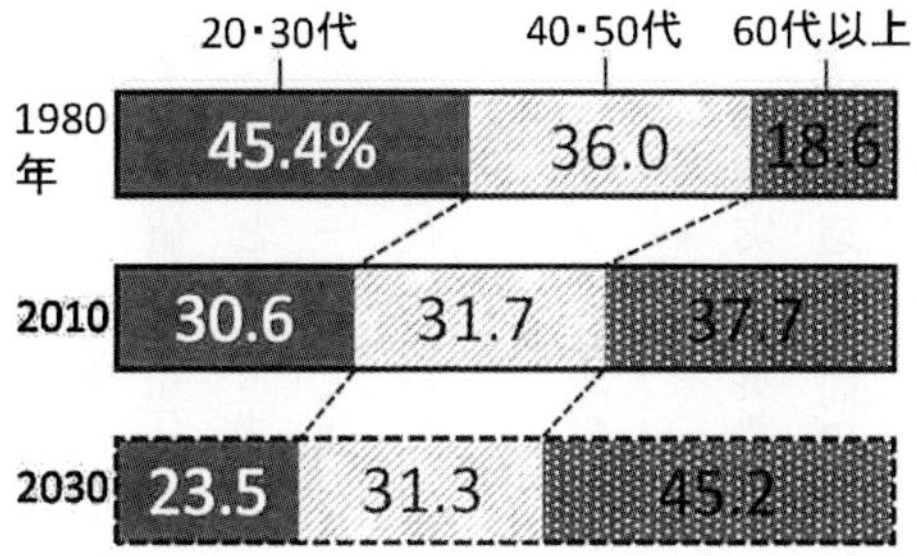

くなる、というようなことですね。だから、例えば好きなことがあって、それを自分で調べたり、研究したりして、自由研究などの形で行っている人がいれば、そういう姿勢を評価したいと考えています。

現在、本校では『コ・クリエーション（共創）』ができる人、『発想の自由人』を育てています。その素養を持つ生徒に入学してもらいたいという時に、筆記の試験だけではかるのは難しいということで、この形式を導入しました。本校には、文系、理系を問わず、幅広くいろいろなことに挑戦できる環境があります。自己表現シートや課題論述試験、面接を通じて、それを利用して何ができるのか、これからどうしていきたいのか、ということを聞かせていただきたいですね」

学びが「過程化」されているかが問われる

4科のみとなった通常の入試については、どの教科も「基本問題」が50％、「応用問題」と「思考問題」が25％ずつで構成されており、特に「思考問題」の部分は、論理的に考え、時に明確な答えがないなかで、どのように自分なりの答えを導き出すかということが問われる問題が用意されています。コツコツと積み重ねる力を「基本問題」や「応用問題」で見て、思考力や創造力を「思考問題」ではかる形です。

上の問題は今春入試用に配布された入試問題傾向のサンプルです。

田中先生は「選挙権が18歳に引き下げられることは当然覚えてくると思います。しかし、その知識ベースだけではなく、なぜ18歳になったのかを自分なりに述べてもらうことまで、この問題では踏み込んでいます。もちろん、資料を分析することでも答えることはできますが、普段からこういった問題に興味を持ち、考える習慣があれば、その答えに受験生の考えが見えてきます。それに解答時間も短縮できますよね」と説明されます。

最後に、英語入試について。英検準2級程度の難易度とされていますが、それは文法や語彙《ごい》のレベルであり、そこに思考力や創造力を問うような問題が含まれている点は、他の入試形式同様です。

「どの入試形式も、受験生のみなさんをふるいにかけるというよりも、本校で学ぶ用意がよりできている人に入学してもらいたいという思いで準備しています。『受験』だけに焦点をあてた勉強というよりも、学びが『過程化』されているかどうかを大切にしている入試です」と、三田国際の入試に込められた想いを説明される田中先生。

11月以降の説明会では、入試傾向がさらに詳しく紹介されるということですので、「具体的にどんな入試になるんだろう」「自分に合っているんじゃないか」という受験生のみなさんは、ぜひ足を運んでみてはいかがでしょうか。

中学説明会・入試傾向説明会〈要予約〉

両日とも10：00～

11月18日(土)　12月16日(土)

横浜翠陵中学校

Yokohama Suiryo Junior High School ［共学校］

翠陵のグローバル教育

**2016年度より中高一貫のグローバルチャレンジクラスが始動。
自らの人生を自らの手で切り拓いていく生徒を育成します。**

世界で活躍するグローバルリーダーを育てます

校訓「考えることのできる人」のもと、スクールモットー「Think & Challenge!」を掲げ、高い意志を持ち、自らの人生を自らの手で切り拓いていくチャレンジ精神旺盛な生徒の教育を目指す横浜翠陵中学校。2011年の共学化を契機に教育内容、教育環境をより充実させ、進学面でも飛躍的な伸びを示しています。

開校以来、多彩な国際理解教育を実践し、学校にいながら様々な国の人々と交流できる機会がたくさん設けられています。豊富な国際交流プログラムを通して他者を知り、多様な価値観を知り、自分自身を見つめることができます。この「国際理解教育」と「人間力の育成」を柱に、新時代に合わせた様々な改革に積極的に取り組む横浜翠陵のグローバルリーダー育成の教育は、さらに進化しています。

充実した英語教育も特色の一つです。週5時間の英語の授業のうち、2時間をネイティブ教員と日本人教員によるアクティブイングリッシュを実施。「聞く」「話す」を中心に、学習した英語の力を実際に活用する機会になっています。中1・中2で行う「サマースタディーキャンプ」では、総勢10名以上のネイティブ講師とともに、英会話合宿を行います。英語漬けの日々を過ごすことで、英語の「話す」「聞く」のスキルをさらに磨くことができます。そして中学3年間で修得した英語力の実践の場として、中3では夏休みに約2週間、全員がニュージーランドで海外研修を行います。一人一家族でのホームステイや現地の小学生との交流は貴重な経験となっています。

共学化以降は理系教育にも力を入れています。実験・実習などの体験型プログラムで「科学的な思考力・表現力」を養います。中学生対象のサイエンスラボは、専門家の指導による本格的な実験で、イチゴのDNAの抽出やレゴロボットのプログラミングなどにも挑戦しています。

また、生徒への学習フォローも手厚く行っています。勉強習慣づくり教室や成績個人面談、成績カルテの配布に、日々の学習を記録するチャレンジノートなど、担任はもちろん、学年全体、学校全体で一人ひとりを支援する体制が整っています。

横浜翠陵の教育は時代の流れに合わせて、今も確実に進化を続けています。

2018年度（平成30年度）入試要項

	第1回	第2回	第3回	第4回	第5回
試験日	2月1日（木）	2月1日（木）	2月2日（金）	2月2日（金）	2月4日（日）
集合時間	8：45	14：45	8：45	14：45	8：45
入試区分	一般／適性検査型／帰国生	一般	一般／帰国生	一般	一般
募集定員	男女30名	男女30名	男女10名	男女10名	男女10名

説明会日程

■ミニ説明会	（保護者のみ・要予約）	11月10日（金）10：00～	12月14日（木）10：00～
■模擬入試	（要予約）	11月23日（木・祝）9：30～	1月 8日（月・祝）9：30～
■入試問題解説会	（要予約）	12月10日（日） 9：30～	
■文化祭	（翠陵祭）	11月 4日（土）11：00～15：00	11月 5日（日） 9：00～15：00

School Data 所在地：神奈川県横浜市緑区三保町1 TEL：045-921-0301 URL：http://www.suiryo.ed.jp/index.html

問題は82ページ

ジュクゴンザウルスに挑戦！

熟語パズル

【答え】

晴 耕 雨 読

【リスト】からあてはめられた漢字は下のようになるよ。そして、リストにあまった漢字4文字からできる四字熟語は「晴耕雨読」だ。中学受験を目指す君は、「千軍万馬」以外は知っておいてほしいな。

千	軍	万	馬
馬	耳	東	風
台	風	一	過
一	日	千	秋

【四字熟語の意味】

晴耕雨読（せいこううどく）＝晴れた日には田畑を耕し、雨の日には読書すること。悠々自適の生活をいう。

千軍万馬（せんぐんばんば）＝多くの兵と軍馬を持つこと、また、戦いの経験が豊富であること。転じて、社会経験を多く積んでいること。

馬耳東風（ばじとうふう）＝春風が馬の耳を吹きぬけても、馬には何の感動もないことから、他人の忠言などを聞いても心に留めず、少しも反省しないこと。「馬の耳に念仏」と同じ。

台風一過（たいふういっか）＝台風が通り過ぎたあと、空が青く晴れ渡りよい天気になること。転じて、騒動が収まり、晴れ晴れとすること。

一日千秋（いちじつせんしゅう、いちにちせんしゅう）＝一日が長く感じられ、待ちこがれる気持ちが著しく強いこと。「一日三秋」も同じ。

6年間で最大5ヶ国を訪問
学びの扉を世界に開き
世界レベルでの自己実現を目指す

多摩大学目黒の英語教育の大きな目標の一つは
世界中で必要とされる日本人を育てることです。
2名のネイティブ専任教員による英会話の授業では
英語表現の背景にある文化や習慣、ものの考え方を
紹介しながら、幅広い表現力を身につけ、
世界中に通用する英語を習得します。
さらに6年間で最大5ヶ国を訪問することにより、
世界規模で物事を考えることのできる広い視野と
世界を相手にしっかり「交渉」できる
コミュニケーション力を磨きます。
これらの経験と能力は10年後、20年後に
社会人として国内でも海外でも常に必要とされる
人物であり続けるための確固たる土台となります。

1人1台iPadを活用、考える力と伝える力を伸ばす！

生徒と教員、また生徒同士をつなぐコミュニケーションツールとして1人1台iPadを活用。学習到達度や指導経過を確認しながら一人ひとりに最善の指導ができます。また調べたり考えたりした内容をiPadにまとめる作業を通して、考える力や伝える力を伸ばします。

大学・官公庁・企業と連携したアクティブラーニング

多摩大学と高大連携を軸に官公庁や企業と連携したアクティブラーニングが始動しました。地域振興や国際会議、起業プロジェクトなど様々な活動に参加することを通して、知的活動の幅を広げます。これらの経験は2020年から始まる新たな大学入試に対応する学力を伸ばすことにつながり、大きなアドバンテージになります。

●中学受験生・保護者対象学校説明会 予約不要

11/4 土 10:00～ 授業見学あり
1/12 金 19:00～
12/2 土 10:00～ 授業見学あり
1/13 土 10:00～ 授業見学あり

※お車でのご来校はご遠慮ください。

●英会話体験・クラブ体験 要予約

英語体験授業：Let' s enjoy English! ／クラブ体験：来たれ我が部！
（保護者の方は参観及び在校生による説明会）

11/18 土 10:00～12:00　会場：あざみ野セミナーハウス
※前々日までに電話にてご予約ください。

●2018年度生徒募集要項

試験区分	進学 第1回	進学 第2回	特待・特進 第1回	特待・特進 第2回	特待・特進 第3回	特待・特進 第4回	特待・特進 第5回
募集人員	74名		特待20名 特進20名				
出願期間	1月20日（土）より各試験当日午前1時まで。（特待・特進第3～5回は当日朝窓口出願可能）						
試験日	2/1（木） 8:30集合	2/2（金） 8:30集合	2/1（木） 14:30集合	2/2（金） 14:30集合	2/3（土） 14:30集合	2/4（日） 10:00集合	2/6（火） 10:00集合
試験科目	2科または4科 （出願時に選択）		4科		2科		
合格発表 （ホームページ）	各試験当日 14:00～16:00		各試験当日 21:00～21:30			各試験当日 14:00～16:00	
合格発表 （校内掲示）	各試験当日 14:00～16:00		各試験翌日 12:00～13:30			各試験当日 14:00～16:00	

明日の自分が、今日より成長するために…

多摩大学目黒中学校

〒153-0064 東京都目黒区下目黒4-10-24　TEL. 03-3714-2661
JR山手線・東急目黒線・都営地下鉄三田線・東京メトロ南北線「目黒駅」西口より徒歩12分
東急東横線・東京メトロ日比谷線「中目黒駅」よりスクールバス運行

多摩大学目黒　検索　http://www.tmh.ac.jp　携帯サイト：http://www.tmh.ac.jp/mobile

東《とう》洋《よう》大《だい》学《がく》京《けい》北《ほく》中学校 ［共学校］

他大学進学を全面的にサポート 将来を見据えた進路指導を実施

2015年度（平成27年度）から教育改革を進め、東洋大学の附属校として東京都文京区で新たなスタートを切った東洋大学京北中学高等学校。大学との連携教育など、附属校としてのメリットを活かしつつも、他大学進学をメインとして推し進めている進路指導についてご紹介します。

大学受験に向け、自習室で勉強する生徒たち

東洋大学京北中学高等学校（以下、東洋大京北）は、東洋大の附属校ではありますが、難関国公立大（東京大・東京工大・一橋大）５名、国公立大20名といった目標を掲げ、他大学進学をメインに進路指導を行っています。６年間を３つのステージに分け、段階を踏んだ指導を展開するとともに、高校では全科目履修型カリキュラムにより、全員が国公立大を狙える体制を整えています。高１から「難関国公立大クラス」「国公立大クラス」を編成するのも特徴です。もちろん附属校として東洋大への推薦入学制度もありますが、改革１期生である高３生は約６割が他大学を目指しています。

自学自習できる環境を用意 キャリア教育にも注力

他大学進学を全面的に支援する東洋大京北では、受験勉強のバックアップ体制が充実。放課後は１６０席ある自習室やＷＥＢ学習教材が用意されたＰＣ教室を利用した自主的な学習が盛んに行われています。そこには現役大学生のチューターが常駐しているので、疑問があればすぐに相談できるのも魅力です。また、教員による各種講座も実施され、確実に学力を向上させることができます。

東京大、東京工大、一橋大、早稲田大といった難関大の学生がチューターとして勉強の相談に乗ってくれます

さらに、「より良く生きる」を教育テーマとする東洋大京北では、中１から「哲学」や「国語で論理」という科目を設けるなど、独自の「哲学教育（生き方教育）」を行っています。哲学的教養に加え、これからの大学入試で求められる思考力も身につけることが可能です。

しかし、大学受験だけが目標とされているわけではありません。「明確な目的意識を持って大学を選ぶことが、人生をより豊かに、より生きがいを持って歩むことにつながる」（広報部長・井出秀己先生）との考えから、将来を見据えた進路選択ができるようキャリア教育にも力が入れられています。

中学では、身近な大人への職業インタビューや新聞社、工場などを訪れる職場見学を行います。高校では、「生き方講演会」として各分野で活躍する方々の講演を聞く機会があります。

「何をしたいのか分からないという生徒もいるので、様々な職業に触れることで将来を考えるきっかけをつくるようにしています。そこで興味のあることを見つけてほしい」と進路指導部長の武田浩哉先生。

そのほか、東洋大との連携プログラムも魅力的です。中３が東洋大の理工学部を訪れたり、高校生が法学部の学生と選挙権について考えたり、国際観光学部と連携して旅行企画をつくり発表するなど、附属校ならではの取り組みがあります。

また、年に２回、約10日間をかけて進路面談を行うなど、生徒と丁寧に向きあうことを大切にしているのも特徴です。

独自の哲学教育（生き方教育）、大学との連携教育を実施しながら、将来を見据えた進路指導を展開することで、未来を切り拓く力を育む東洋大学京北中学高等学校。改革１期生である高３生が卒業する来春に期待が寄せられています。

説明会日程

学校説明会 要予約
11月25日(土) 12月 9日(土) 1月13日(土)
すべて15:00～16:30 ※施設見学、個別相談あり

入試問題対策会 要予約
12月17日(日) 9:00～12:00／13:30～16:30
※東洋大学白山キャンパス

中学入試報告会 要予約
3月17日(土) 15:00～16:30

SCHOOL DATA

所在地 東京都文京区白山2-36-5
TEL 03-3816-6211
アクセス 都営三田線「白山駅」徒歩6分、地下鉄南北線「本駒込駅」徒歩10分、地下鉄丸ノ内線「茗荷谷駅」徒歩14分、地下鉄千代田線「千駄木駅」徒歩19分
URL https://www.toyo.ac.jp/toyodaikeihoku-jh/

学ナビ!! School Navigator vol.115

神奈川　横浜市　別学校

桐蔭学園中学校・中等教育学校

TOIN GAKUEN Junior High School · School of Secondary Education

先進と伝統の教育で「学ぶ力」を育む

桐蔭学園中学校・中等教育学校（以下、桐蔭学園）は、２０１４年（平成26年）の学園創立50周年を機に、次の50年を見据えた教育改革に取り組んでいます。「自ら考え判断し行動できる子どもたち」の育成を新たなビジョンに掲げ、その具体的なアクションとして「アジェンダ8（8つの改革）」を策定しました。

伝統を守りつつ新たな教育を展開

「アジェンダ8」には「アクティブラーニング型授業」「キャリア教育」「個人カルテを用いたＴＯＩＮ個別学習支援システム」「ＩＣＴ教育」「サイエンス教育」「グローバル教育」「芸術・文化教育」「生徒・保護者・学校の三位一体教育」があります。

そのなかでも特に重要視されているのが「アクティブラーニング型授業」です。

アクティブラーニングは、生徒が主体的に学んだことを活用し、互いに学びあう授業です。ペアワーク・グループ学習・発表などをとおして、学習内容の定着をはかり、学ぶ楽しさや、やる気を育んでいます。こうした授業により、大学や社会でも力強く学んでいける人材を育成することが目指されています。

こうした授業改革を行う一方、伝統的な教育も大切にされています。それが「習熟度別授業」と「到達度教育」です。

学力を効果的に向上させるには、個々の学力に応じた指導が必要です。そのため、桐蔭学園では、数学や英語などで習熟度別クラスを編成しています。なお、このクラスは定期考査の成績に基づきメンバーが入れ替えられます。

また、定期考査では、全ての教科において、中学では70％以上、高校では60％以上の点数が取れるまで指導が行われます。到達目標を達成できなかった生徒には補習や課題提出、追試験が課されます。これが桐蔭学園の到達度教育です。

常に自分に合った授業を受けられる習熟度別授業と、基礎事項をしっかりと定着させられる到達度教育により、確実に学力を伸ばすことができるのです。

教育力強化に向け3校を再編成

桐蔭学園では、新ビジョン実現に向けた教育力の強化をはかるため、中学校・中等教育学校及び高等学校の再編成を行う予定です。

現在、中学校は男女別学、中等教育学校は男子のみで教育を行っていますが、２０１９年度（平成31年度）より、中学校は募集を停止し、中等教育学校のみの募集となります。同時に、中等教育学校は男女共学化されます。

また、高校では、２０１８年度（平成30年度）入学生より、「プログレスコース（難関国公立大・医学部対応）」「アドバンスコース（国公立大・早慶等難関私立大対応）」「スタンダードコース（国公立大・私立大対応）」の3コースに改編されます。２０１８年度中学校入学生は、高校進学時、「プログレスコース」または「アドバンスコース」を選択することになります。

伝統を守りながらも、新たな教育を展開する桐蔭学園中学校・中等教育学校。今後のさらなる活躍が期待されます。

School Data

桐蔭学園中学校・中等教育学校

神奈川県横浜市青葉区鉄町1614

東急田園都市線「市が尾駅」「青葉台駅」・小田急線「柿生駅」バス

中学校男子647名・女子318名、中等教育学校前期課程（男子のみ）447名

045-971-1411

http://toin.ac.jp/

You are the light of the world.
You are the salt of the earth.
あなたは世の光です。
あなたは地の塩です。
マタイ５章13節～15節

そのままのあなたがすばらしい

入試説明会

［本学院］ ※申込不要

11.18（土）
14：00～15：30
終了後 校内見学（～16：00）

公開行事

［本学院］ ※申込不要

［親睦会（バザー）］
10.29（日） 9：30～15：00
生徒による光塩質問コーナーあり

校内見学会

［本学院］ ※申込必要

11. 4（土） **1.13**（土）＊６年生対象
1.27（土）＊６年生対象 **2.17**（土）＊５年生以下対象

授業見学、ミニ説明会、学校紹介 DVD 上映、回によって体験授業もあります。
詳細はその都度 HP をご確認ください。
全日程 10：30～12：00

【申込方法】
本校ホームページからまたはお電話でお申し込みください。

過去問説明会

［本学院］ ※申込必要

12. 2（土）
● ６年生対象
14：00～16：00（申込締切 11/25）

【申込方法】
＜ハガキの場合＞
「過去問説明会参加希望」「受験生氏名（ふりがな付）」「学年」「住所」「電話番号」、保護者も出席する場合は「保護者参加人数」を記入し、光塩女子学院広報宛にお送りください。
後日、受講票をお送りいたします。
＜インターネットの場合＞
本校ホームページよりお申し込みください。

2018年度入試要項

	第1回	第2回	第3回
受験型	総合型	4科型	4科型
募集人員	約25名	約50名	約15名
試験日	2月1日(木)	2月2日(金)	2月4日(日)
入試科目	総合・国語基礎 算数基礎	4科/面接	4科/面接
合格発表	2月1日(木)	2月2日(金)	2月4日(日)
出願方法	インターネット出願のみ		

光塩女子学院中等科

〒166-0003 東京都杉並区高円寺南2-33-28 tel.03-3315-1911（代表） http://www.koen-ejh.ed.jp/
交通…JR「高円寺駅」下車南口徒歩12分／東京メトロ丸の内線「東高円寺駅」下車徒歩7分／「新高円寺駅」下車徒歩10分

田園調布学園中等部・高等部

グローバル社会に必須の力「21世紀型スキル」

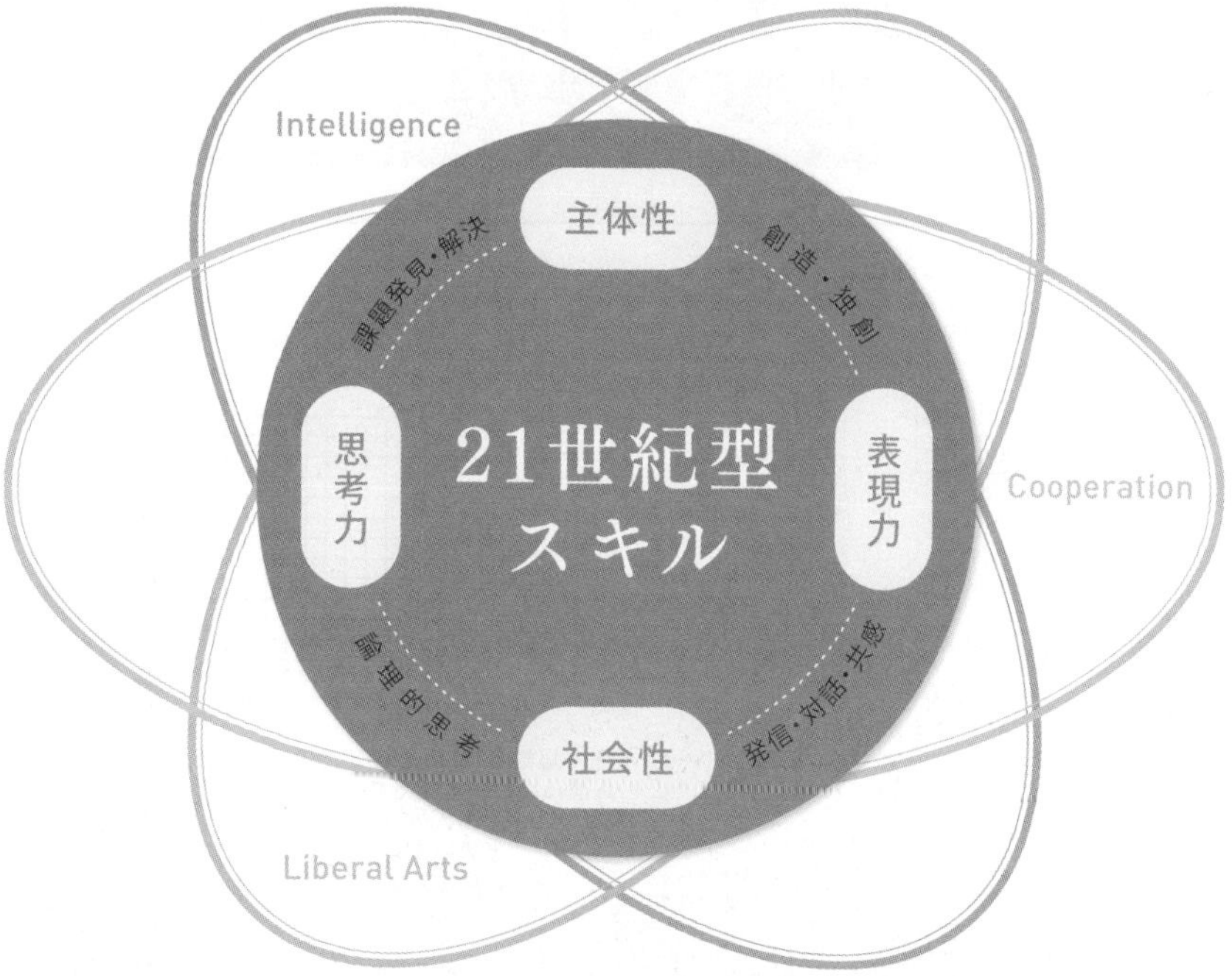

グローバル社会に貢献する人格の“根っこ”を育て、豊かな人生を創る力を磨く、田園調布学園の「21世紀型スキル」。思考力・表現力という2つの能力と、主体性・社会性の2つの態度を融合させ未来へつなぐこのスキルを、協同探求型授業、土曜プログラム、学習体験旅行などのあらゆる教育活動を通して培います。出会う対象に関心を向けて、課題を発見・考察し、独創性を持って発信する術を習得した生徒たちは、どのライフステージに立っても課題解決能力を発揮し、社会を活気づけていくことでしょう。

http://www.chofu.ed.jp

〒158-8512 東京都世田谷区東玉川2-21-8 Tel.03-3727-6121 Fax.03-3727-2984
＊東急東横線・目黒線「田園調布」駅下車 〉〉 徒歩8分 ＊東急池上線「雪が谷大塚」駅下車 〉〉 徒歩10分

学校説明会【予約制】

11月 1 日(水) 19:30～21:00

入試直前学校説明会【6年生対象 予約制】

12月 2 日(土) 10:00～11:30 ＊入試体験
12月 8 日(金) 19:30～21:00 ＊入試体験
1 月10日(水) 19:30～21:00 ＊入試体験

公開行事

定期音楽会 1 月25日(木) 12:30～16:00

2018年度 入試概要

	第1回	第2回	第3回	海外帰国子女
試験日	2月1日	2月2日	2月4日	12月16日
募集定員	100名	70名	30名	若干名
試験科目	4 科・面接			2 科 (国・算)または(英・算) 面接

校内案内【予約制】

(1)10:00～ (2)13:30～ (3)16:00～

(1)～(3)の時間帯で月曜日から金曜日に行っています。
希望日をインターネットまたは電話でご予約ください。

＊インターネットでご予約の際は、通信欄に希望の日時と参加者数をご記入下さい。

＊予定は変更となることもありますので詳細はＨＰにてご確認下さい。

国《こう》府《の》台《だい》女《じょ》子《し》学《がく》院《いん》中学部

●千葉県市川市菅野3-24-1　●京成本線「市川真間駅」徒歩5分、JR総武線「市川駅」徒歩12分またはバス　●TEL：047-322-7770　●http://www.konodai-gs.ac.jp/

問題

　ある金属0.1gに塩酸（塩酸Aとする）を20cm³ずつ加えたときに発生する水素の体積を調べると，表1のようになりました。これについて，次の問いに答えなさい。

表1

塩酸A[cm³]	20	40	60	80	100
水素の体積[cm³]	25	50	75	100	100

(1) 水素の性質としてあてはまるものはどれですか。次のア～オから選び，その記号で答えなさい。
ア：空気より重い。　　イ：水によくとける。
ウ：水よう液にBTB液を加えると，黄色になる。
エ：においや色がない。　オ：ものが燃えるのを助ける。

(2) 金属0.1gに塩酸Aを60cm³加え，水素が75cm³発生したとき，金属と塩酸Aはどのようになっていますか。次のア～エから選び，その記号で答えなさい。
ア：金属も塩酸Aもなくなっている。
イ：金属だけが残っている。
ウ：塩酸Aだけが残っている。
エ：金属も塩酸Aも残っている。

(3) 金属0.2gに塩酸Aを180cm³加えたとき，発生する水素は何cm³ですか。

　次に，金属0.1gに塩酸Aとこさのちがう塩酸（塩酸Bとする）を20cm³ずつ加えたときに発生する水素の体積を調べると，表2のようになりました。

表2

塩酸B[cm³]	20	40	60	80	100
水素の体積[cm³]	40	80	100	100	100

(4) 金属0.1gに塩酸Bを加えたとき，塩酸Bの体積と発生する水素の体積の関係をグラフにするとどのようになりますか。右のグラフに記入しなさい。ただし，グラフは定規を使わないで書くこと。

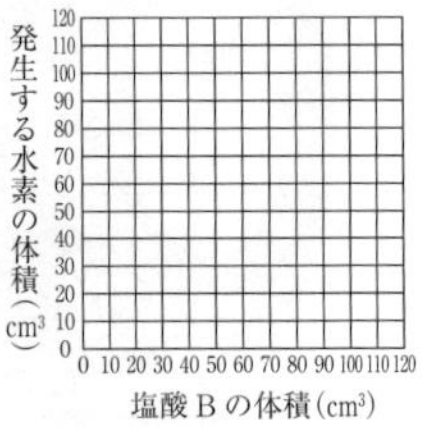

(5) 塩酸A200cm³と，塩酸B75cm³を混ぜた塩酸Cがあります。この塩酸Cに金属を加えて，できるだけたくさん水素を発生させたいと思います。このとき，金属は最も少ない場合何gですか。

解答　(1) エ　(2) イ　(3) 200cm³　(4)

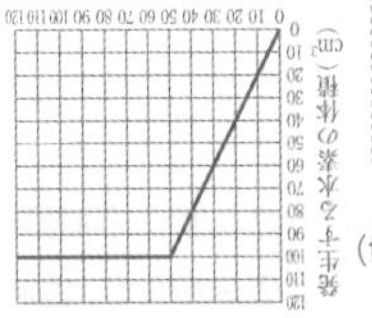

(5) 0.4g

入試説明会
第2回　11月18日（土）10:30
※小6対象

学校見学（土曜）　要web予約
第6回　11月11日（土）10:00
第7回　11月25日（土）10:00
第8回　12月 2日（土）10:00

聖《せい》セシリア女《じょ》子《し》中学校

●神奈川県大和市南林間3-10-1　●小田急江ノ島線「南林間駅」徒歩5分、●東急田園都市線「中央林間駅」徒歩10分　●TEL：046-274-7405　●http://www.cecilia.ac.jp/

問題

下の図のように、１辺の長さが１cmの正方形の紙を並べていきます。
次の各問いに答えなさい。

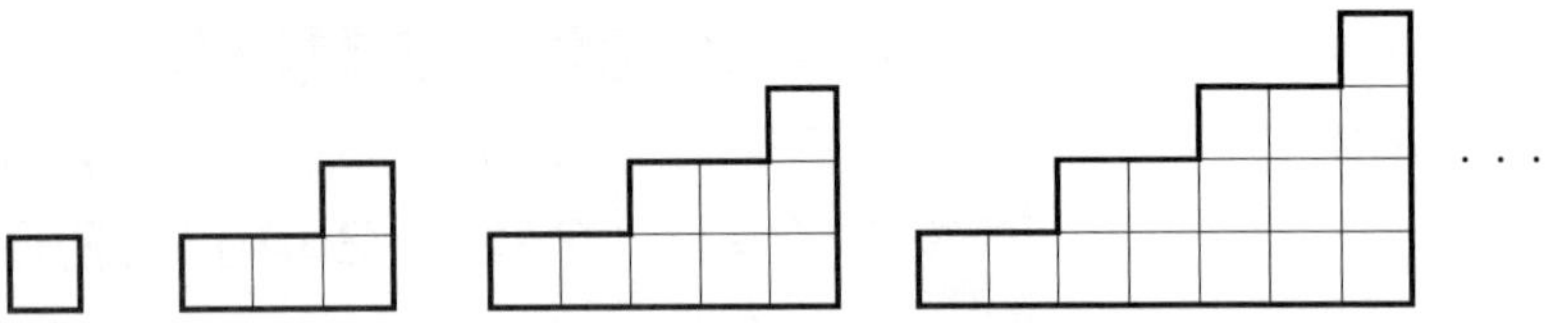

1段　2段　3段　4段　・・・

(1) ７段のとき、正方形の紙を何枚並べますか。

(2) ７段のとき、まわりの長さは何cmですか。ただし、まわりの長さとは上の図の太線部分を示します。

(3) 40段のとき、まわりの長さは何cmですか。

(4) まわりの長さが580cmになるのは、何段のときですか。

解答　(1) 49枚　(2) 40cm　(3) 238cm　(4) 97段

学校説明会
11月 7日(火)　10:00～12:00
12月16日(土)　10:00～12:00

学校見学会　要予約
11月27日(月)　10:00～12:00
1月16日(火)　10:00～12:00

私立中学の入試問題に
チャレンジ

かえつ有《あり》明《あけ》中学校

●東京都江東区 東雲2-16-1
●りんかい線「東雲駅」徒歩8分、地下鉄有楽町線「辰巳駅」徒歩18分、地下鉄有楽町線「豊洲駅」バス
●TEL：03-5564-2161
●http://www.ariake.kaetsu.ac.jp/

問題

　スクリーンを凸レンズの右側14cmの位置に置き、ろうそくを凸レンズの左側にある位置に置いたところ、スクリーンに高さ2cmの像が映りました。ろうそくは凸レンズの左側何cmの位置に置いたか答えなさい。

　図のA→G→Kの線、A→H→Kの線は、炎の先端から出た光の道すじのうちの2本を示したものです。

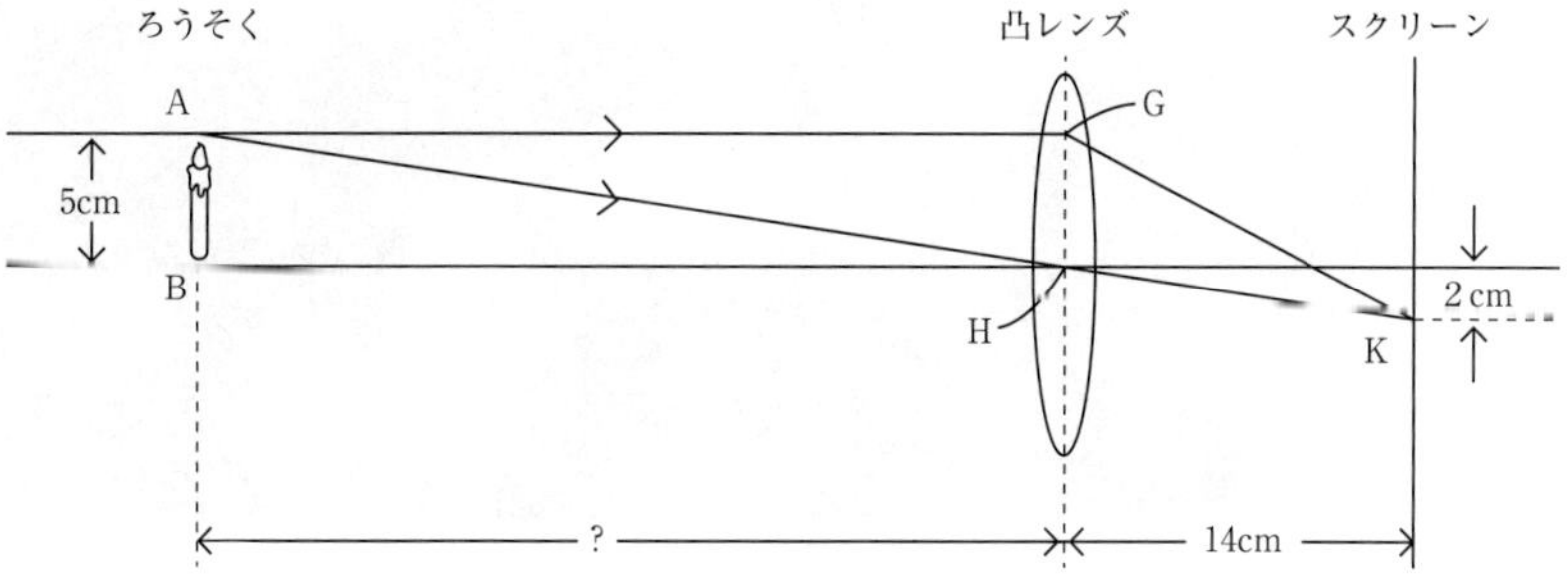

解答　35cm

一般生対象説明会　要予約
第5回11月11日(土) 10:00
第6回12月10日(土) 14:30
※児童対象体験会併催

一般生対象入試体験会　要予約
12月9日(土) 8:30集合
※小6対象

帰国生対象説明会　要予約
11月4日(土) 14:30
同時併催：小6限定入試体験会

学《がく》習《しゅう》院《いん》女《じょ》子《し》中等科

●東京都新宿区 戸山3-20-1
●地下鉄副都心線「西早稲田駅」徒歩3分、地下鉄東西線「早稲田駅」徒歩10分、JR山手線・西武新宿線「高田馬場駅」徒歩20分
●TEL：03-3203-1901
●http://www.gakushuin.ac.jp/girl/

問題

　次の文章を読み、以下の問いに答えなさい。

　昨年の5月に開かれた伊勢志摩サミットの際に、（1）前大統領が広島の①平和記念公園を訪れたことが国内外で注目されました。現職のアメリカの大統領としては初めてのことで、「核保有国は、勇気をもって（2）の論理からのがれ、核兵器なき世界を追求しなければなりません」とスピーチを行いました。（中略）

　核兵器をなくすように呼びかける演説をアメリカの大統領がすることは、非常に大きな意味を持っています。まず、アメリカは世界で有数の核保有国です。そして、日本への原爆投下は正しかったという主張がアメリカ国内であります。さらには、自国の安全のためには核兵器が必要だという主張もあります。

　1970年代に日本の（3）元首相が（4）平和賞を受賞しています。（3）氏の受賞理由は、「（5）」とよばれる「核兵器をつくらず、（6）、（7）」を唱えたことでした。そして、その後（5）を守っていくことが日本政府の核兵器に対する立場となりました。（3）氏は、1972年の（8）返還を果たし、（9）の不保持を明記した平和憲法を前提として、日本の安全保障について考えたといわれています。

　（10）が近年、核実験をくり返していることなどを考えると、核の（2）は日本の近くにあるといえます。また、このような（10）の行動は、自国の主張・利益を押し通すための手段として核兵器の保有をアピールしているといえます。

　人類をほろぼしてしまう核兵器の廃絶（はいぜつ）を世界の人々が望んでいることは確かです。しかし、一部の国ではさまざまな目的で大量に保有されていることも現実です。②「核なき世界」はどのようにすれば実現できるでしょうか。

問1　空らん（1）～（10）にあてはまる語句を答えなさい。
問2　下線部①の平和記念公園のすぐ近くにある原爆ドームが「負の世界遺産」と呼ばれる理由を説明しなさい。
問3　下線部②について、「核なき世界」を平和的に実現するためには、どのようにすればよいとあなたは考えますか。あなたのアイディアを1つあげなさい。
（問題文　一部略）

解答　問1　(1) オバマ　(2) 恐怖　(3) 佐藤栄作　(4) ノーベル　(5) 非核三原則　(6) もたず　(7) もちこませず　(8) 沖縄　(9) 戦力　(10) 北朝鮮　問2（解答例）「核兵器による被害の大きさを伝え、人類の悲惨な歴史を忘れないようにするため」　問3（解答例）「唯一の被爆国である日本が核保有国へ核兵器の被害を訴え続ける」「核保有国は国連の安全保障理事会の常任理事国になれない決まりをつくる」など

解答は編集部にて作成しました。

八重桜祭（文化祭）
10月28日(土) 9:00
10月29日(日) 9:00
※入試に関する質問コーナー（13:00～15:00）あり

学校説明会
11月18日(土)
5年生以下対象14:00～
6年生対象15:30～
※校内見学実施

英語が、わたしの言葉になる。

「他者理解」――

この言葉には世の中のさまざまな人と共感し、支え合うという理想が込められています。

創立より貫かれてきたこの教育理念、これからも武蔵野は世界で通用するグローバルな人材の育成を目指します。

外国人教師による、「英語で学ぶ」
LTE [Learning Through English]

外国人教師と1つのテーマ(トピック)を英語で考え、英語で発表するワークスタイルの授業を週6時間行います。英語力はもちろん、アイデアや意見の共有、ディスカッション能力など、グローバル社会で必要なコミュニケーションスキルが身につきます。

世界への扉をあける
ニュージーランド3ヶ月留学

現地校1校につき、武蔵野生最大3人という自主性が問われる環境の中で、3ヶ月間過ごします。様々な国の留学生が集うニュージーランドで、生きた英語だけではなく、その国の文化や考え方を身近に感じ取ることができ、よりグローバルな視野で物事を考える力が身につきます。

入試実施概要

試験日	2月1日(木)		2月2日(金)	2月3日(土)	2月7日(水)
入試区分	第1回		第2回	第3回	第4回
	午前	午後			
募集人員	40名	10名	20名	10名	10名
	第1学年(男・女) 90名				

学校説明会・入試模擬体験・個別相談会

- 11/18(土) 13：00～ 学校説明会
- 12/16(土) 10：00～ 学校説明会・入試模擬体験
- 1/13(土) 10：00～ 個別相談会

※説明会・イベントへのご参加は予約制となります。本校HP、または、お電話でご予約ください。
※各説明会終了後に、ご希望の方対象に「個別相談」と「施設見学」の時間を用意しております。

文化祭

- 10/28(土) 10：00～15：00
- 10/29(日) 10：00～15：00

※両日ともに個別相談のみ承ります。

武蔵野中学校
Musashino Junior High School

〒114－0024 東京都北区西ヶ原4－56－20 TEL：03-3910-0151 FAX：03-5567-0487 http://www.musashino.ac.jp/
アクセス JR大塚駅・王子駅乗り換え 都電荒川線「西ヶ原四丁目」下車徒歩3分 ／ JR巣鴨駅下車 徒歩12分

私学自慢の施設紹介 vol.14

東京都 中野区 男子校

明治大学付属中野中学校「図書室」

落ち着いた時間を過ごせる明るく開放的な空間

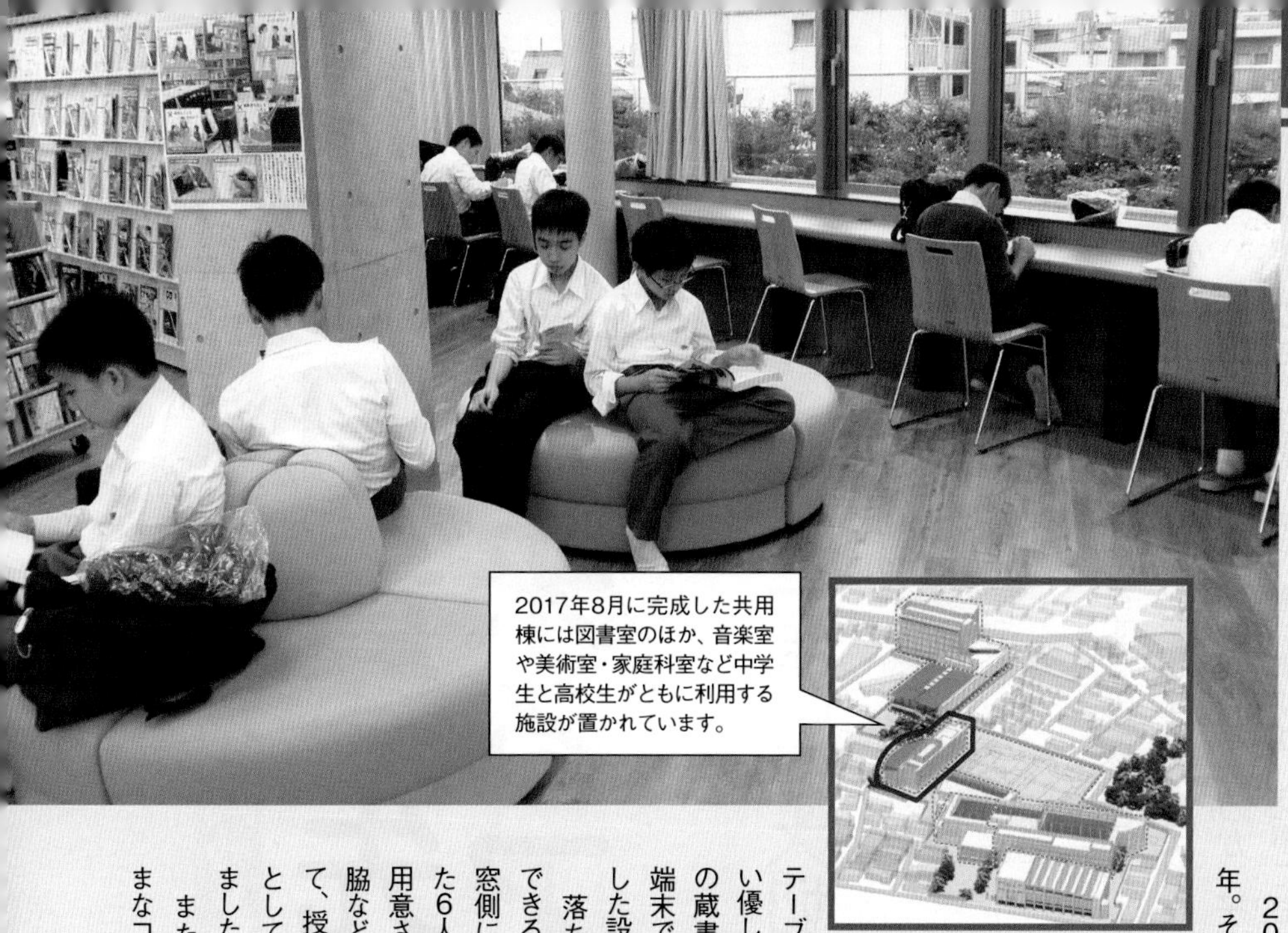

2017年8月に完成した共用棟には図書室のほか、音楽室や美術室・家庭科室など中学生と高校生がともに利用する施設が置かれています。

2009年に迎えた創立80周年。その記念事業として校舎の全面的な建て替えが進められています。順次完成し使用が始まっているなか、今年9月、中学生・高校生の共用棟3階に「図書室」が新装されました。

明るく開放感のある大きな窓と木目調の書架、テーブル、椅子など、圧迫感のない優しい空間が特長的。約5万冊の蔵書と無線LAN環境や専用端末での検索システムなど、充実した設備が整えられています。

落ち着いて自習や調べ学習ができるように、1人掛けの椅子が窓側に向かって並んでいます。また6人掛けのテーブルが8セット用意されているほか、書架や柱の脇などにソファーも設置されていて、授業の合間に一息つける場所として利用できるようにもなりました。

また、図書室の中にはさまざまなコーナーが設けられており、中学・高校の先生方が推薦本を紹介している小冊子「ポケットの本を」や、内部進学が決まった生徒に向けた明治大学からの課題図書のほか、新たに入荷された本や話題の本を展示するコーナーもあります。また、3～4千冊の洋書リーダーも用意されており、将来的には英語の授業で1人1冊が使えるように、洋書リーダーの蔵書を増やしていく予定だそうです。

図書室の運営は司書の先生のほか、各クラスに2人いる図書委員が、2人ずつ交代で昼休みに本の貸し出しなどを担当しています。それまで仮設されていた図書室は狭く、本を貸し出すことが精一杯でしたが、広々とした新しい図書室に生まれ変わりました。先生方は、中学生・高校生分け隔てなく存分に活用してくれることを楽しみにしていらっしゃるそうです。

集中して勉強ができる自習スペース

蔵書検索システムが搭載された専用パソコン

司書の方に聞きました！

明大中野図書室Q&A

司書 葛野 律仁 さん

Q 今回新装された図書室の特長を教えてください。

A 部屋のカーブ面に窓を大きくとり、開放感に富んだスペースにしたことです。日中は自然採光で図書室全体がとても明るい雰囲気になっています。

Q 生徒たちにどのように活用してもらいたいですか。

A 学校が開いている時間はほぼ開けていますので、ちょっとした空き時間に自分の興味・関心を高めて学生生活に彩りを加え、自らのこれからを考える手助けができれば、と思っています。今まで教室以外で何か取り組める場所がなかったので、上手に活用してほしいと思います。

第二体育館の地下に、こんな新施設もできました！

武道場（柔道場・剣道場）

体育の授業や柔道部・剣道部が使用する武道場。暑い夏でも集中して授業や練習に取り組めるように24時間稼働可能なエアコンを完備。柔道場は、国際柔道連盟認定の黄（場内）と赤（場外）の畳を採用。また剣道場は、木材にヒノキの無垢材を無塗装で使用し、公式試合と同じ広さの試合場二面の広さがあります。ここまで設備の整った武道場は、東京の中学・高校の中でも珍しいとのことです。

柔道場

剣道場

SCHOOL DATA

1929年に「旧制　中野中学校」として開校し、1949年に明治大学付属となりました。基礎学力をしっかりと身につけることはもちろん、学校行事や特別教育活動などを通じて強い身体と精神力を養い、バランス感覚を備えた人物の育成を実践しています。

〒164-0003 東京都中野区東中野3-3-4
TEL 03-3362-8704
JR中央・総武線「東中野駅」より徒歩5分
都営地下鉄大江戸線「東中野駅」より徒歩5分
東京メトロ東西線「落合駅」より徒歩10分

誰もが抱える悩みをパパッと解決！

福田貴一先生の 福が来るアドバイス

早稲田アカデミー
第六事業部（城東・千葉エリア）
統括責任者
福田　貴一

新しい単元の学習を始めるにあたって、大切なことが二つあります。一つは、お子様がどのような気持ちで取り組むか。そしてもう一つは、「はじめの一歩」をどう踏み出すか、ということです。新単元の学習では、第一歩の踏み出し方によって、その単元が得意になるか苦手になるかが決まってしまうこともあるのです。今回は、新単元の学習の始め方について考えます。

「はじめの一歩」を大切に

新単元の学習をするときに

新しい単元を学習する際に、お子様は積極的に取り組むタイプでしょうか、それとも尻込みをしてしまうタイプでしょうか。子どもの性格はそれぞれ違いますが、何事においても積極的に取り組む方が、良い結果が出やすいようです。特に中学受験カリキュラムでは、一つの単元の学習期間が短く設定されているため、一度気持ちのうえで〝壁〟ができてしまうと、その〝壁〟を乗り越えるのはなかなか難しいのです。まずは、お子様が「新しいことに対して積極的に取り組む」という気持ちを持つことができるよう、ご家庭でお話しいただくことが大切だと考えています。

新単元の「第一歩」をどう踏み出すか

早稲田アカデミーのカリキュラムでは、小3で「わり算」の学習がスタートします。その最初の授業で、わり算の考え方（概念）ではなく、計算の仕方を重視してしまうと、その先の学習により多くの時間がかかってしまったり、本質的な理解ができなかったりすることがあります。

「わり算」には大きく二つの意味があります。たとえば200÷4という式には「①200を4つに分ける」と「②200の中に4がいくつあるか」という二つの意味があります。小3にとってわかりやすいのは①の考え方ですが、②の考え方を身につけておくことが、実はとても大切なのです。

わり算の基本的な学習が済んだ小3の二学期になると、「周期算」の学習に入ります。「ABCDABCDAB……と規則的に並んでいる列の、200番目の文字を求めなさい」というような問題です。「ABCD」という〝周期〟が順番に出てくるのを見つけ、200番目までにその周期がいくつあるかを考えるわけです。わり算の②の考え方が定着していれば、「200番目までの中に4文字の周期はいくつ入っている」と聞いた瞬間に、200÷4という式が思いつくはずです。しかし、わり算を学習したときに①の考え方しか理解していないと、「200番目までの中に4文字の周期がいくつ入っているかを求めるためには、200÷4という計算をする」ということを改めて学習する必要があります。そしてそういう場合、「周期算は、〝○番目÷ひとつの周期の個数〟で解く」という公式（解き方）を暗記する学習になってしまいます。このような学習方法だと、応用が利かなくなり、難しくなるにつれて解けない問題が増えてしまうのです。

ゴールからの逆算で「第一歩」を考える

「第一歩を右に踏み出すか、左に踏み出すか」、それによってそこから先の方向性が大きく変わってしまうのは、中学受験へ向けた学習だけに限りません。人生においても、そういった場面を誰もが何度か経験するものです。人生の転機において、どの方向に進むかを考える際、私は自分が目指す〝ゴール〟を意識することが大切だと考えています。

中学受験の学習でいえば、入試で「どのようなかたちで出題されるのか」、「どのような力が求められるのか」というゴールからの逆算が、単元学習を進めていくうえでは重要です。また、ゴールまでの道筋が見えていることも大切になります。

「中学入試」というひとつのゴールを研究し、各単元の学習において、そこに向けた効果的な「第一歩」を踏み出させる――。これは塾講師の仕事です。ただ、保護者の皆さまにもそのイメージだけは持っておいていただければと思うのです。単にその週の学習内容だけではなく、そこからさらに発展していき、最終的にはゴールにたどり着く、そういう学習をお子様はしているのだという視点でご覧になっていただきたいと思います。

中学受験カリキュラムをいつから始めるか

「小3や小4の学習内容であれば家でも教えられそうなのですが、それでも塾に通わせた方がよいですか？」というご質問をいただくことがあります。結論としては「通わせられる環境なのであれば、ぜひ通わせてあげてください」とお答えしています。これまで述べた通り、「第一歩をどのように踏み出すか」が非常に重要だからです。

集団指導の進学塾に途中から入塾しようとする場合、お子様だけでなく保護者の皆さまにも、心配な点や不安な点があるのではないでしょうか。はじめて通塾するにあたって、もしくは塾を変えるにあたって、負担なくスタートできるタイミングは？　というご相談をいただくこともよくあります。すでにスタートしているクラスに入る場合は、カリキュラムの面よりも、お子様の生活リズムや気持ちを第一に考えていただければと思います。

進学塾への通塾が始まれば、一週間の生活リズムも変わります。新しい友人たちと同じ教室で学習することになるわけですから、気持ちのうえでもある程度の〝覚悟〟は必要になるでしょう。お子様の状況や心情をくみ取っていただいたうえで、保護者の皆さまにはお子様の「背中を押して」あげていただきたいと思うのです。

印刷ってなんだろう?

本や新聞、写真集にポスター、さらに江戸時代の浮世絵から最新のICカードまで!
「印刷」は、私たちの身の回りのさまざまなものに関わっています。
もちろんこの『サクセス12』もそうですね。
11月3日は文化の日。今回は“文化”を支える印刷技術について、
印刷博物館の川井 昌太郎さんと宇田川 龍馬さんのお二人に教えていただきました。

教えていただいたのは…

印刷博物館
学芸員　川井《かわい》 昌太郎《しょうたろう》さん(右)
学芸員　宇田川《うだがわ》 龍馬《りょうま》さん(左)

印刷が生まれるまで

昔の人々は、岩や骨、粘土などに言葉や絵を刻んだり、石碑などをつくったりして情報やイメージを伝えていました。しかしこの方法では、石碑が壊れると刻まれた情報も失われてしまいます。また、重たい石碑は気軽に持ち運ぶこともできません。そこで人々は、刻んだ石や粘土に墨やインキを付けて、それを紙などに摺《す》り写すようになりました。これが印刷の誕生に結びつきました。

円筒印章とその印影(複製、古代メソポタミア、紀元前3000年ごろ)▶

印刷とは?

「印刷」は、文字や絵、写真などの原稿から「版《はん》」をつくり、その版に墨やインキを付けて紙などに刷《す》ることです。飛び出ているところにインクを付けて紙に押し当てる「凸版《とっぱん》印刷」、へこんでいる部分にインクを流し込んで印刷する「凹版《おうはん》印刷」、水と油が反発する作用を利用して平らな版で印刷する「平版《へいはん》印刷」など、さまざまな方法があります。

世界最古の印刷物は日本にあった!

奈良時代の終わり、孝謙《こうけん》天皇(後の称徳《しょうとく》天皇)が国家安泰を願い、陀羅尼《だらに》と呼ばれる呪文《じゅもん》をおよそ100万枚印刷し、手の上に載るくらい小さな三重の塔100万基の中に入れて、法隆寺や東大寺などに納めました。この「百万塔陀羅尼《ひゃくまんとうだらに》」が、印刷された年代がはっきりわかっているものとしては、現存する世界最古の印刷物です。

あれも印刷 これも印刷

“印刷”と聞くと紙や本をイメージするかもしれません。しかしそれ以外にも、さまざまなところで印刷の技術が応用されています。

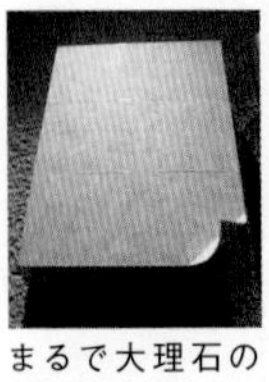

まるで大理石のような壁紙も!

ICカードのしくみにも!

ギネスブックにも掲載された、世界最小0.75ミリの本!

0.75ミリ角の本に、文字とイラストが印刷された「マイクロブック」。針と比べてみると、その小ささがよくわかります。肉眼では読めませんが、拡大してみると、日本の四季の草花のイラストと名前がはっきり印刷されています。

浮世絵を支えた木版印刷

世界でも高い評価を得ている日本の浮世絵。その制作を支えたのは「木版印刷」の技術です。木版印刷は、1枚の木の板に文字や絵を彫《ほ》り、版をつくります。浮世絵のように何色もの色を使う場合は色ごとに版をつくり、ずれないように注意しながら何度も重ねて刷ります。江戸時代には、浮世絵だけでなく本や瓦版《かわらばん》なども木版印刷でつくられていました。

錦絵工房

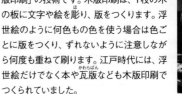

活版印刷で しおりを つくってみよう！

活版《かっぱん》印刷の世界

1445年ごろ、ドイツのグーデンベルクという人が「活版印刷」の技術を発明しました。活版印刷は、1字1字の「活字」を組み合わせてかたちを整え、版をつくります。1590年ごろに日本にも伝わりましたが、そのときには定着しませんでした。明治時代になってからは、日本でも活版印刷が主流となりました。新聞や本などの印刷物のほとんどは、ほんの数十年前まで、この活版印刷によってつくられていたのです。

壁一面に並ぶひらがな・カタカナ・漢字・記号などの大小さまざまな活字から、自分が使うものを集めます。活字は横向きに並べられていて、1つずつに向きの目印となる溝《みぞ》が付けられています。

「文撰箱《ぶんせんばこ》」に、順番、向きを整えて活字を並べます。

活字を版の形に整えます。この作業を「植字《ちょくじ》」といいます。余白や文字と文字の隙間もしっかり埋め、軽く叩いて活字が浮き上がらないようにします。

版と紙を印刷機にセットし、レバーを操作して印刷します。レバーを途中まで下げるとローラーによって版にインキが付き、レバーを下まで押し下げると版と紙が密着して印刷できます。

\知ろう！/\つくろう！/ 無料公開講座

印刷博物館内にある工房「印刷の家」では、無料公開講座を実施しています。

「知る」コース

活版印刷のあれこれを聞く
ガイドツアー
毎週火・水　実施

「つくる」コース

手作りの印刷物をつくる
毎週木～日　実施
※このページで紹介した内容は、「つくる」コースで体験できます。

開始時刻・所要時間などの詳細は、下記ホームページにて確認してください。　http://www.printing-museum.org/bottega/index.html

---

INFORMATION

印刷博物館

〒112-8531 東京都文京区水道1-3-3 トッパン小石川ビル TEL 03-5840-2300（代表）

開館時間／10：00～18：00（入場は17：30まで）
休 館 日／毎週月曜日（ただし祝日の場合は翌日）、年末年始（12月29日～1月3日）
入 場 料／一般：300円、学生：200円、中高生：100円
※小学生以下の方、65歳以上の方、身体障害者手帳等お持ちの方とその付き添いの方は無料です。
※11月3日(金・祝)文化の日は入場無料です。　※20名以上の団体は各50円引きとなります。
※企画展示期間中は入場料が変わります。
アクセス／東京メトロ有楽町線「江戸川橋駅」より徒歩8分、
JR総武線ほか「飯田橋駅」より徒歩13分
ホームページ／http://www.printing-museum.org/

企画展示

「キンダーブックの90年 ―童画と童謡でたどる子どもたちの世界―」
幼稚園や保育園で子どもたちに読まれている『キンダーブック』。2017年に創刊90年を迎えた『キンダーブック』の世界を紹介します。
会期／2017年10月21日（土）～2018年1月14日（日）
入場料／一般500円、学生300円、中高生200円

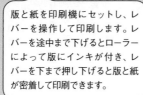

生　掲示板

帰国生を積極的に受け入れている学校紹介など、帰国後の入試や学習に関する情報を発信します！

帰国生受入れ校訪問記　洗足学園中学校

社会に対応できる有益な女性の育成を目指して、社会に貢献できる女性、社会で活躍できる女性、世界で活躍できる能力を有した人間となれるよう指導しています。また、社会で真に活躍できる女性を育てるため「高い学力」、「豊かな感性」、「コミュニケーション能力」、「広い視野」の4つの視点を重視した教育を行っています。今回、入試広報委員長の玉木先生にお話を伺いました。

洗足学園中学校

1924 年（大正13年）に設立された伝統ある女子校です。「実行力に富んだ社会に有為な女性の育成」ということを教育目標に掲げ、社会の変化に対応すべく改善を加えています。

〒213-8580
神奈川県川崎市高津区久本2-3-1
（JR 南武線「武蔵溝ノ口駅」/東急田園都市線・大井町線「溝の口駅」徒歩8分）
TEL:044-856-2777
URL:http://www.senzoku-gakuen.ed.jp/

■帰国生受け入れ体制について

田畑　帰国生の受け入れ体制について教えてください。

玉木先生　国際学級は設けず、中1から高1まで2クラスが一般生との混合クラスです。英語のみ取り出し授業をしており、専任のESL教員が担当し、アメリカの中学高校の標準カリキュラムに沿って組み上げられたシラバス（学習計画）に基づいて授業をしています。また、高校2年より大学受験に必要な文法などの授業は日本人教員が担当し、総合的な英語力を身につけられるよう指導します。

一方、帰国生の多くが苦手とする国語・数学は一般生と同じクラスですが、状況によっては土曜日放課後のOG補習などを行いながら徐々にレベルアップをはかっていきます。

■帰国生の特色について

田畑　帰国生の特色について教えてください。

玉木先生　毎年30名前後が入学してくる本校では帰国生は決して周囲から孤立した特異な存在ではありません。例えば、プレゼンテーション能力、自分で考える能力がある帰国生の存在は大きく、一般生によい影響を与えています。

また、本校の様々なプログラムの中で、その積極性が活かされ、クラスやグループを引っ張るリーダー的役割を担っている帰国生も少なくありません。

■卒業後の進路について

田畑　進路指導について教えてください。

玉木先生　生徒各自の将来の夢の実現をサポートし将来に描くビジョンに向け進路選択ができるように、敢えて国内・海外・文系・理系・国公立・私立などに絞らず柔軟性を持たせる指導をしています。近い将来いろいろな分野に対応できるようにするために文・理のクラス分けをなくし、高校3年まで総合コースとする予定です。さまざまな分野で活躍している方々やOGの話を聞くキャリアプログラムだけでなくインターネットを利用し学校で受けられるSAT（※1）やTOEFL（※2）講座なども設けています。

※1　SAT・・・アメリカの大学進学希望者を対象とした共通試験
※2　TOEFL・・・英語を母語としない人々を対象に実施されている国際基準の英語能力測定試験

■帰国生入試について

田畑　帰国生入試について教えてください。

玉木先生　帰国生入試には、A方式・B方式の2種類があります。A方式は、英語の筆記・面接それぞれ100点ずつの配点です。英語の問題レベルはアメリカの小6程度の内容で文法問題70%、文章読解30%が出題されます。試験時間は60分で、現地校・インター校出身者が多く受験しています。一方、B方式は、国語・算数・英語の筆記・面接それぞれ100点の配点です。国語・算数の問題は一般入試より易しく、英語もA方式よりやや易しいです。試験時間は、各教科50分ずつで、A・B方式ともに面接は10～15分程度です。

帰国生入試の受験を検討中の方には、ESL教員による英語の模擬面接を実施しています。実際の受験生の9割の方が受けています。海外からはスカイプを利用して受けることも可能です。

■受験生へ期待すること

田畑　受験生とご家族へのメッセージをお願いします。

玉木先生　今海外にいらっしゃる方には今しかできないことを大切にしてもらいたいと思います。受験の準備も大事ですが、帰国後のことを気にしすぎて、海外生活が限定的になるのは非常にもったいない。ぜひ、海外でしかできないような異文化体験をたくさんしてきてください。すでに帰国している方は、貴重な海外体験をしっかり振り返るようにしていただきたいです。

洗足学園として、現地での経験や見聞きしたことを活かして、思考力を鍛えてもらいたい。帰国生は、国内生とは違う経験をしています。いろいろな体験をして、それを自分のライフデザインにどう使っていくかを考えていく。それを中学入試に結び付けていくならば、ライティングしたりエッセイにしたり深めていってほしいですね。

お話　洗足学園中学校　入試広報委員長　玉木 大輔 先生
取材　早稲田アカデミー　事業開発部国際課　田畑 康

入試情報と合格実績

2018年度　帰国生入試情報

募集人数	出願期間	試験日	合格発表日	選考方法
20名	2017年12月1日（金）～2017年12月25日（月）	2018年1月13日（土）	2018年1月13日（土）	A方式：英語・面接（英語での質疑応答） B方式：英語・国語・算数・面接（英語での質疑応答）

2017年度　帰国生入試結果

入試方式	募集人数	応募者数	受験者数	合格者数
A方式	20名	101名	94名	42名
B方式		102名	94名	31名

※出願資格などは必ず募集要項や学校のホームページをご確認ください。

2017年度　大学合格実績

国公立大	合格者数	私立大	合格者数
東京大学	2名	早稲田大学	20名
一橋大学	1名	慶應義塾大学	24名
東京工業大学	1名	上智大学	21名
筑波大（医学群）	1名	Yale University	1名
東京外国語大学	2名	University of California,Berkeley	1名

※大学合格実績は帰国生のみの実績です。

海外の学習体験談や
海外各都市の塾情報など、
海外での学習に役立つような
情報を発信します！

海外生＆帰国

これから海外赴任される方／赴任中の方の「教育・受験についての悩み」を解決！！

第11回

教えて！田畑先生《タバティー》

「教えて!田畑先生」コーナーです。
帰国生入試が始まる時期がやってまいります。今回は受験生の保護者様に向けたメッセージです。

Q 田畑先生こんにちは。海外に住む受験生の父親です。うちには小6と中3の子供がおり、中学受験、高校受験、どちらも家族で乗り越えていこうとしています。とても緊張する日々のなかで、「父親の役割」についてアドバイスをいただけましたらと思います。

A こんにちは。2人のお子様がともに受験であるというのは、サポートするご両親の準備も大変であると思います。中学受験と高校受験では、ご両親の受験に対する関わり方は変わってきます。それぞれの受験に対してアドバイスいたします。

中学受験生のいらっしゃるご家族を野球のチームにたとえて、受験生を「選手」、お母様を「コーチ」、お父様は「監督」と説明することがあります。船にたとえて「受験生＝船員」「お母様＝航海士」「お父様＝船長」と説明することもあります。

コミットできる時間の多いお母様がお子様のコンディションや学習時間の管理を行ない、お父様はご家族の受験への取り組み全体を見渡し、最終決定をする「ぶれない指揮官」になってくださいということです。

中学入試は、日本全国的にいえば小6 生の10%くらい、首都圏に限っても20%くらいしか受験しないものです。語弊を恐れずにいえば「しなくてもよいもの」に取り組むことです。それを「しなければいけない」ととらえるか「するとよい」ととらえるかの価値観（もしくは家族の物語）がお父様の決断にかかっているわけです。

親子でしっかり学校選びをし、お父様の精神的なサポートが効果的に働いて受験が大成功したケースもあれば、よかれと思ってお父様が算数の指導を試みたが、「こんな問題も解けないのか」の一言でお子様が口をきいてくれなくなってしまうケースも珍しくありません。

原則、お子様への愛情をもとに取られる行動は批判されるべきことではないはずですが、どういう声がけをいつ、どのようにすれば良いのか、塾の先生と相談するのも良いと思います。

そして、高校受験への取り組みは、中学生が「大人になるチャンス」と考えています。義務教育を終え本来ならば働いて自立しなければならないのを、もっと勉強したいから親に学費をはらってもらう。

そういうスタンスを親子で共有すれば、「自分の道を切り開くために立ち向かわなければいけない高校受験」という価値観につながることが多いです。

そのためには、お父様は社会人の先輩として、人生の荒波を乗り越えた（あるいは乗り越えている最中の）先達として、働いて給料をもらうことの意味をしっかり伝え、学ぶことの大切さと、受験生としての自覚を促す担当者になっていただきたいです。

具体的には、時間管理のアドバイスをする、英語の質問に答える、宿題を手伝ってあげる、というコミットの仕方が考えられます。さらに、近年厳しさを増している「面接試験」の対策に、海外生活という「非日常」がお子様本人・ご家族全体にどんな影響をもたらしたのか、そして高校入試という大きな岐路に向かってお子様本人がどう取り組むべきなのか、膝を付き合わせて話してみることをお勧めします。

田　畑　　康
（早稲田アカデミー事業開発部 国際課長）

早稲田アカデミーの複数校舎で10年間勤務。早慶必勝クラスや校舎責任者を務めた後、ロンドン・ニューヨークにおいても受験指導を行う。現在、早稲田アカデミー国際課長。本人も帰国子女（オーストラリア・マレーシアで合計7年半）。

サクセス研究所

縄文前期（約6,500年前）の住居。床の形が長方形で、面積が約30平方メートルと、かなり広いのが特徴です

遺跡庭園「縄文の村」から

縄文時代をのぞいてみよう!

多摩ニュータウンNo.471遺跡から発掘された“丘陵のヴィーナス”

過去の人類がのこした住居や建物、お墓などの跡のことを「遺跡」といいます。遺跡は、まるでタイムカプセル。文字や写真がない時代のことも、遺跡や、遺跡から見つかる出土品を調べることで、くわしく知ることができます。今回は、東京都埋蔵文化財センターの松崎元樹さんに、遺跡からわかる縄文時代の暮らしについて教えていただきました。

縄文時代の暮らしについて
公益財団法人
東京都スポーツ文化事業団
東京都埋蔵文化財センター
広報学芸担当 課長
松崎《まつざき》 元樹《もとき》さん
に教えていただきました！

今より暖かかった！ 縄文時代

氷河期が終わると、気候が暖かくなったことで食料となる動植物の種類や数が増えました。すると人々の生活も、食料を求めて移動するものから、一つの場所に住み続ける「定住生活」へと変化しました。また石器とともに「土器」がつくられるようになり、食料の調理、保存方法が格段に進歩しました。これが縄文時代の始まりで、今から約15,000年前のことといわれています。

暖かな気候は、今から約6,000年前の縄文前期ごろにピークを迎え、海水面は現在よりも3～5メートル近く高く、埼玉県の方まで海が入り込んでいました。水田稲作が広まり、金属器が普及する弥生時代が始まるまで、縄文時代は約12,000年にわたって続きました。

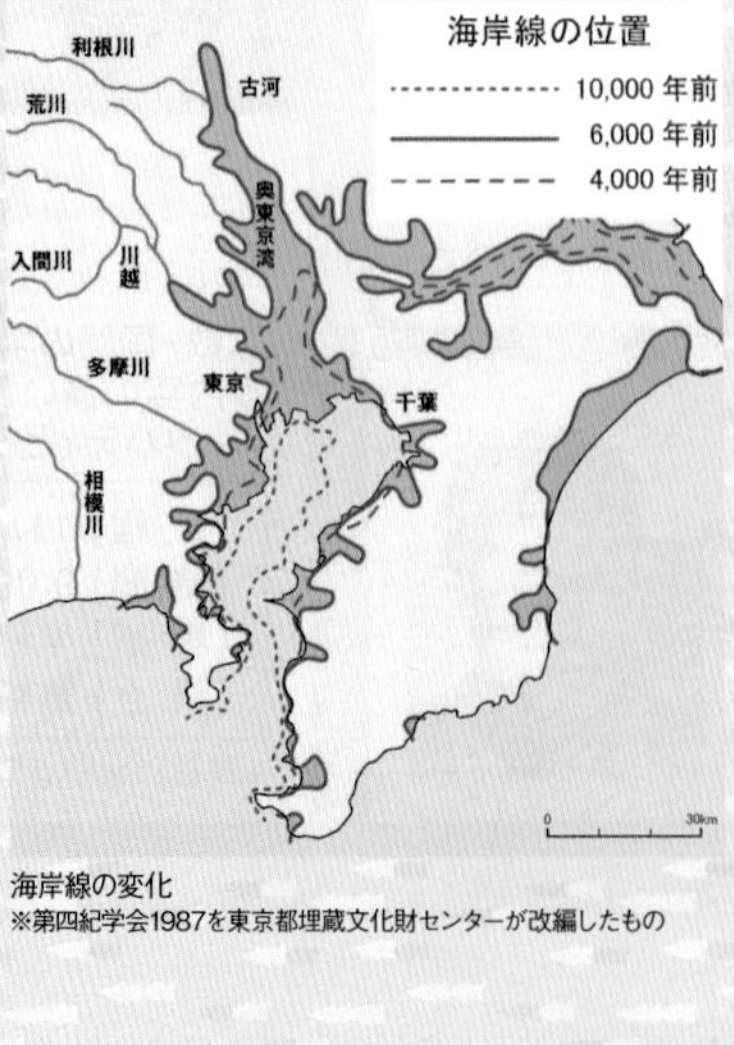

海岸線の変化
※第四紀学会1987を東京都埋蔵文化財センターが改編したもの

遺跡庭園「縄文の村」とは？

東京の西部に位置する多摩ニュータウン地域の丘陵からは、964か所の遺跡が見つかっています。このうちNo.57遺跡を保存・公開したのが、遺跡庭園「縄文の村」です。発掘調査が終わった後に埋め戻し、住居を復元したうえで、縄文時代にも存在したと思われる約50種類の樹木を植え、当時の森を忠実に再現しています。縄文人の食生活を支えた山菜や木の実といった森の恵みなどを通して、縄文の暮らしを感じることができます。

★がついているものは実際に体験できます

竪穴住居内部の再現

住居跡

縄文時代の人々は、地面を掘り下げ、床を固めて屋根をかけた「竪穴《たてあな》住居」に住んでいました。ひと口に竪穴住居といっても、時期によって大きさやかたち、つくりの細部に違いがあります。「縄文の村」には3棟の復元住居があり、それぞれの時期の特徴を知ることができます。3棟の住居内では、防虫や防腐もかねて日替わりで“火《ひ》焚《た》き”が行われており、運が良ければ実際に見学することができますよ。

縄文中期（約5,000年前）の住居の屋根。木の皮や竹を使った工夫が見られます

◀ 縄文中期（約4,500年前）の住居。約7平方メートルと小さめ。入口だけでなく、床にも大きく平たい石が敷かれているため「敷石住居」と呼ばれています

土器

土器は、主に調理や食べ物の保存などに使用されていました。大きさやかたちはさまざまです。東京都立埋蔵文化財調査センターの展示ホールでは、発掘された本物の土器を実際に触って、質感を確かめることができます。

ユニークな文様

土器には、貝殻や縄、竹などを使ってさまざまな文様がつけられています。また、動物をモチーフにしたものも見つかっています。これらのモチーフには、単に飾りというだけでなく、縄文の人の祈りや願いが込められています。たとえば、脱皮を繰り返して大きくなるヘビのモチーフは“再生”や“生命力”を表していると考えられます。

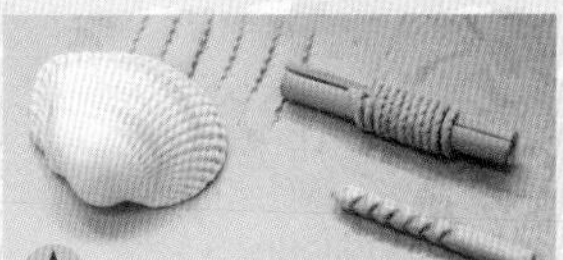
文様のつけ方を実際に体験できます

◀ ヘビなどをモチーフにした土器

土器の復元に挑戦！

土器は、完全なかたちで見つかるわけではありません。見つかった破片を調べながら、一つひとつ組み合わせていくのです。破片をすべてそろえ、復元を完成させるのに1か月以上かかる場合もあるそうです。

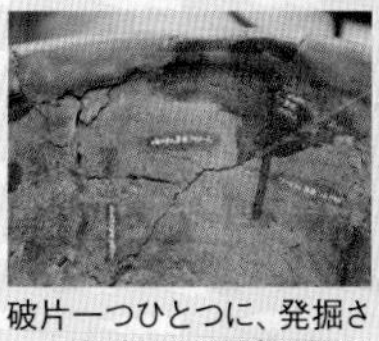
破片一つひとつに、発掘された場所などが記録されています

何分で組み立てられるかな？

食

遺跡庭園「縄文の村」でも、秋になるとさまざまな木の実がなります

食生活の中心となったのは、豊かな森の恵みです。主食は、クリやクルミ、トチなどの木の実です。殻《から》を割って中の実をすりつぶし、クッキー状にしたり、ヤマイモに混ぜて固形状にしたりして食べていました。ただし、トチなどはアクが強いため、川の近くに設けた作業場で水にさらし、アク抜きをしていたと考えられています。また、春にはゼンマイやコゴミなどの山菜も食べていました。

ゼンマイ

石皿とすり石ですりつぶして粉にします ▶

イノシシやシカなどの動物も、貴重な食料でした。多摩ニュータウン遺跡では、縄文期の集落とは離れた場所から、いくつもの陥《おと》し穴の痕跡が見つかっていて、狩り場になっていたと考えられます。陥し穴などのわなを仕掛ける際には、ムラの人たちが協力して作業をしていました。また、海浜部に暮らしていた人たちは、貝や魚などをよく食べていました。

衣服

復元した縄文時代の衣服

布の材料となる苧

縄文の人々は、「苧《からむし》」や「大麻」などの植物の繊《せん》維《い》を編み、「編布《あんぎん》」という布をつくっていました。この布を用いて、頭からすっぽり被《かぶ》るタイプの衣服「貫頭衣《かんとうい》」をつくっていたと考えられています。

古代だけじゃない！昔の人の暮らしを解き明かす「考《こう》古《こ》学《がく》」

遺跡や出土品から、過去の人々の生活を明らかにする学問のことを「考古学」といいます。考古学の対象になるのは、縄文時代のように何千年も昔のことだけではありません。建物や土木工事の跡、土の中から発掘されるさまざまなものから、江戸時代や明治時代、さらには今から数十年前の昭和の暮らしについて考えるのも、考古学です。時代が新しくなるほど、さまざまな生活用品が発掘されるので、人々の暮らしがよりよくわかります。

東京都立埋蔵文化財調査センター　平成29年度企画展示
「東京発掘　江戸っ子のくらしと文化」展示ホールにて開催中

INFORMATION

東京都立埋蔵文化財調査センター

〒206-0033 東京都多摩市落合1-14-2　TEL. 042-373-5296（代表）
開館時間／9：30～17：00（「縄文の村」は11月から3月まで16：30閉園）
休 館 日／年末年始（12月29日～1月3日）、展示替えの臨時休館期間（3月中旬）
入 館 料／無料
アクセス／京王線「京王多摩センター駅」より徒歩５分
小田急線「小田急多摩センター駅」より徒歩５分
多摩都市モノレール「多摩センター駅」より徒歩７分
ホームページ／https://www.tef.or.jp/maibun/

遺跡庭園であったまろう！

遺跡庭園「縄文の村」のなかで、温かい焚《たき》火《び》を囲みながら、さまざまな縄文の生活体験ができます。

12/17（日）
10：00～15：00
参加自由、当日受付
（事前申し込みの必要はありません）

七変化!?

食卓に隠れた〝大豆製品〟を探せ!

「日本の食卓に欠かせない調味料といえば?」と聞かれたら、皆さんは何と答えますか? まず思い浮かぶのは、「しょうゆ」。焼き魚にかけたりお刺身につけたりと、そのまま使われるのはもちろん、そばやうどんのだし汁や煮物の味付けなどにも使われる、和食には欠かすことのできない存在ですね。また、「みそ」も私たちにとってなじみ深い調味料です。「おみそ汁を毎日飲んでいる」という人も多いと思います。

皆さんは、しょうゆとみそが同じ主原料からつくられていることを知っていますか? それは、大豆《だいず》です。大豆は、日本人にとって身近な食品です。炒った大豆をそのまま食べたり、大豆の煮物が食卓に上がったりする機会は昔と比べて少なくなりましたが、現代でも私たちの毎日の食事には、しょうゆやみそのような大豆製品がいくつも隠れているのです。

しょうゆは、加熱した大豆に小麦と麹菌《こうじきん》を入れてつくった麹に、食塩水を入れて発酵・熟成させた後、それを搾《しぼ》ってつくります。一方みそは、加熱した大豆を細かくつぶしたものに麹と食塩を入れて混ぜ、発酵・熟成させてつくります。原料だけでなく、つくり方もよく似ていると思いませんか? 実は、みその桶の中で分離した液である「溜《た》まり」がしょうゆのルーツであるともいわれています。日本を代表する調味料であるしょうゆとみその間には、深い関係があったのですね。

しょうゆやみそと同じように、大豆を発酵させてつくる食品に納豆《なっとう》があります。納豆は、蒸した大豆に納豆菌をつけ、一定の温度に保つことで発酵させてつくります。その始まりには諸説ありますが、江戸時代には広く食べられていたようです。

また、豆腐《とうふ》も身近な大豆食品です。豆腐は、水に浸《ひた》した大豆をすりつぶして煮たものを搾ってつくる「豆《とう》乳《にゅう》」に、にがりを加えて固めたもので、固め方の違いによって「木綿《もめん》豆腐」「絹ごし豆腐」などに分けられます。豆腐は、さまざまな形に加工されたものも食べられていますね。木綿豆腐を薄く切って脱水し油で揚《あ》げたものが、おみそ汁やいなりずしに使う「油揚げ」、それより厚く切って揚げたものがおでんや煮物に使う「厚揚げ」、豆腐を崩して野菜や海藻などを加えて揚げたものが「がんもどき」……、味わいも見た目もバラエティ豊かです。

加工食品だけではありません。野菜のなかにも、大豆の仲間が隠れています。たとえば、夏に旬を迎える「枝豆」は、成熟する前の大豆を収穫したものです。またモヤシの一種である「大豆モヤシ」は、大豆を光の当たらないところで発芽させたものです。

さらに、意外と見落としがちなのが〝油〟です。大豆からつくった「大《だい》豆《ず》油《ゆ》」は、天ぷら油やサラダ油、マーガリンなどの主成分です。

大豆は、今から約２０００年前の弥生時代に、原産地である中国から朝鮮半島を通じて日本に伝わり、奈良時代ごろから盛んに栽培されるようになったといわれています。

大豆には、タンパク質が豊富に含まれています。タンパク質は、人の筋肉や内臓などの体の組織をつくる大切な栄養素です。肉や卵などに多く含まれていることから、大豆は別名〝畑の肉〟とも呼ばれます。昔の日本人には肉を食べる習慣がなかったため、大豆はとても貴重なタンパク源だったのです。

このように、日本人の食生活に欠かせない大豆ですが、現代ではそのほとんどを外国からの輸入に頼っているのが実情です。平成27年度の国内の需要量約３３８万トンのうち、国産大豆は約24万トン。また、輸入量の約7割はアメリカ産となっています。

大豆製品には、この記事で紹介していないものもまだまだたくさんあります。きな粉《こ》、おから、ゆば……、名前を聞いて、「あ、あれだ!」と思い浮かびますか? また、食べたことがあっても、どうやってつくるのかわからないものもあるのではないでしょうか。今度、ぜひ食卓で話題にしてみてください。

無料
あなたの夢、目標を応援します！
個別カウンセリング受付中

「学校の授業と受験勉強の両立の仕方がわからない」「志望校には合格したいけれど、習い事や部活動もがんばりたい」「進学塾に通いながら苦手な科目を強化したい」など、勉強に関して悩んでいることがあれば、ぜひ、私たちにお聞かせください。経験豊富なスタッフがどのような悩みについてもアドバイスいたします。もちろん、最新の入試情報も豊富に用意しています！

※ご希望の時間帯でご予約できます。お近くの「MYSTA」、「早稲田アカデミー個別進学館」までご連絡ください。

1:2スタイルの個別指導で夢や目標を実現【早稲田アカデミー個別進学館】

小・中・高 全学年対応／難関受験・個別指導・人材育成
早稲田アカデミー個別進学館
WASEDA ACADEMY KOBETSU SCHOOL

本気

新しい知識を吸収することも、その知識を使いこなす集中力も、すべての原点は生徒たちの“本気”にあります。そこで、【早稲田アカデミー個別進学館】では、生徒たちの“本気”を引き出すのは、講師の“本気”であると考え、日々熱のこもった指導を行っています。

未来

努力の結果、勝ち得た憧れの志望校への合格。その経験を通じて得た“自信”や“自立心”は、これからの人生において大きな糧となるはずです。

生徒一人ひとりが自らの力で“未来”を切り拓ける人物に成長できるよう、「憧れの志望校への合格」を全力でサポートします。

自立

どんな質問にも答えてくれる塾の講師、精神的に常に支えてくれる家族―。確かに、つらく厳しい受験勉強を乗り切るには、周りのサポートが必要です。しかし、入学試験当日は、教えてくれる人もいなければ、優しく見守ってくれる人もいません。だからこそ、入試本番で実力を発揮するためには、「自らの力で受験に立ち向かってきた」という自信が必要なのです。

そこで、【早稲田アカデミー個別進学館】では、生徒たちの自信を培うために、講師1人に対して生徒2人という、「1：2スタイルの個別指導」を考案。この指導方法により、「自分で考え解決する力」と「自ら課題を見つける姿勢」、すなわち“自立”を促す指導を行っています。

「自ら課題を見つける姿勢」を養う

生徒の「自ら課題を見つける姿勢」を養うため、目標達成シート、学習予定表、自立学習シートの3つからなる「PaFE（自立学習支援ツール）」を用意。

- **目標達成シート**
  塾・保護者・生徒の間で目標を共有するためのシート
- **学習予定表**
  生徒一人ひとりの授業や宿題予定を管理する予定表
- **自立学習シート**
  授業の冒頭に、その日の授業の目標を生徒自身に確認させ、授業終了時にその日の理解度や課題をチェックさせるためのシート

「自分で考え解決する力」を養う

教えてもらう時間
- 早稲田アカデミーで培った指導
- 難関校対策ならではの知識や解法
- 一人ひとりの理解度に合わせた解説

90分の授業内で繰り返し

自分で解く時間
- 講師からの適切な問題指示
- 落ち着いた学習環境、適度な緊張感
- 自ら解き進めることによる定着

夢や目標別のコースが充実！

小学生・中学生は、早稲田アカデミー準拠の指導で難関校合格を目指す人向けの『Wコース』、内部進学を目指す人向けの『中高一貫コース』、集団塾と併用して難関中高合格を目指す人向けの『塾併用コース』の3コースから、高校生は先の3コースに『推薦・AO入試対策』を加えた4コースから選ぶことができます。

たとえば、『Wコース』は毎年圧倒的な合格実績を残している早稲田アカデミーの集団校舎のノウハウを個別指導用にカスタマイズしたもので、「習い事や部活があるので塾に通えない」と悩んでいる生徒に最適のコースです。また、『塾併用コース』は集団授業を受けながら、【早稲田アカデミー個別進学館】で苦手な科目だけを受講する、または、得意な科目をさらに伸ばすためにハイレベルな内容を学習するなど、目的に応じた指導が受けられます。早稲田アカデミー以外の進学塾との併用ももちろん可能ですが、早稲田アカデミーとの併用であれば、指導方法が同じであること、また、早稲田アカデミーと【早稲田アカデミー個別進学館】の講師が情報を共有しながら指導を行うので、より学習効果が得られます。

暮らしのアイデア教えます!

食事の準備や洗濯、塾の送り迎えにお弁当作り…
毎日忙しく過ごすパパとママのために、少しでも役立つ暮らしのアイデアを提案します!

part 1. 日めくりカレンダーでやる気を持続させよう!

ゴールが見えないと、大人でもやる気を継続するのは難しいものです。
お子様と一緒に日めくりカレンダーを作って「入試まであと●日!」とカウントダウンしながら本番まで意識を高めていきましょう!

【用意するもの】
① ボードとマジック
② ピン
③ 単語カード
飾り(お好みで)

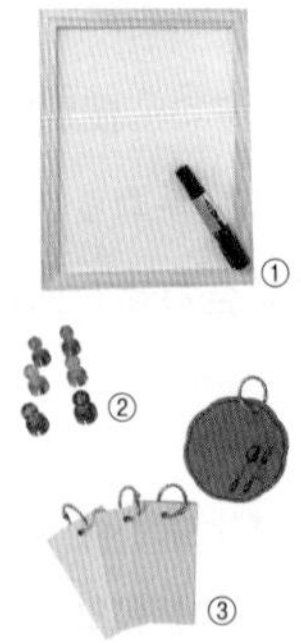

STEP 1

単語カードに「●月」、「●日」、「●曜日」、「入試まであと●日」の●にあたる数字・曜日を書く。

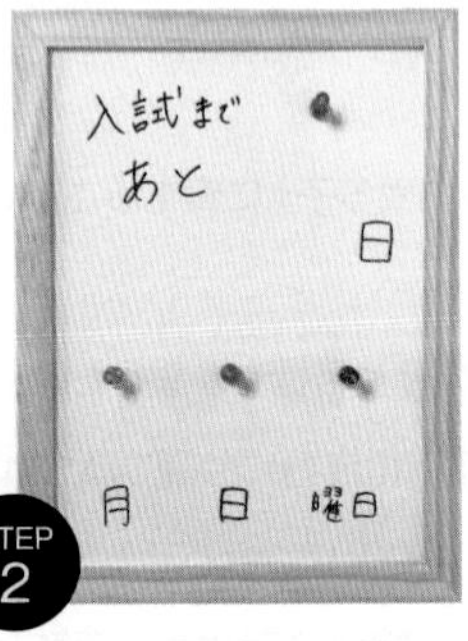

STEP 2

ボードに「入試まであと●日」、「月」、「日」、「曜日」と記入し、ピンを付ける。

STEP 3

完成

数字・曜日を書いた単語カードをピンにかけ、装飾をしたら出来上がり!

ここでは「入試まであと●日」としていますが、「発表日まであと●日」「試合まであと●日」など目的に応じて作り変えましょう!

part 2. シチューをリメイク!パングラタン♪

つい作り過ぎてしまうシチュー。連日同じメニューを出すのは気が引けるもの…。
そんなときは、見た目もかわいいパングラタンにリメイクしてみませんか? 器ごと食べられるので、食べごたえもありますよ。

【材料】
残ったシチュー
お好みのパン
スライスチーズ
ピザ用チーズ
パセリ(お好みで)

※器に使用するパンは厚切りの食パンでも代用できます。

完成

作り方

①厚めのパンの上部を切り、中をくりぬく。
②くりぬいたパンは一口大に切り、トースターで焼いておく。
③器になるパンの底の部分にスライスチーズを敷く。

④シチューと②で焼いたパンを中に入れる。
⑤④の上からピザ用チーズをのせ、200℃のオーブンで12分程度焼く
※チーズに焼き目がつくよう時間は調節してください。

⑥焼けたらオーブンから取り出し、お好みで上からパセリをかけて完成!
※写真は今が旬のかぼちゃを使ったシチューです。お好みでビーフシチューやクラムチャウダーなどで作っても美味しいですよ。

パパママQ&A

Q1 お子様の宿題には目を通している。

Q2 お子様はテストの結果に一喜一憂する方である。

Q3 毎月決まったお小遣いをあげている。

1枚めくったFAX送信用紙にYESかNOのいずれかでお答えください。
集計結果は次号で発表します。

前号のパパママQ&A結果発表!!

Q1 お子様は国語よりも算数が得意である。

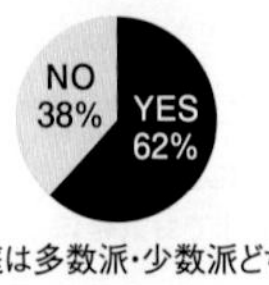

Q2 塾のプリント類はお子様が整理している。

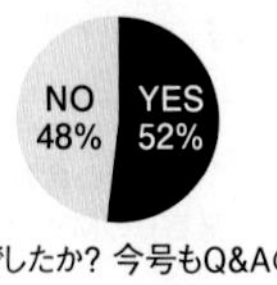

Q3 お子様は習い事を3つ以上やっている。

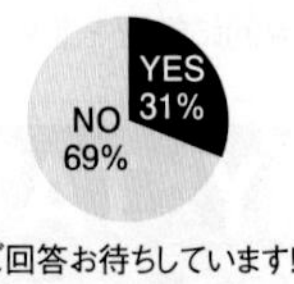

皆さんのご家庭は多数派・少数派どちらでしたか? 今号もQ&Aのご回答お待ちしています!

クイズ

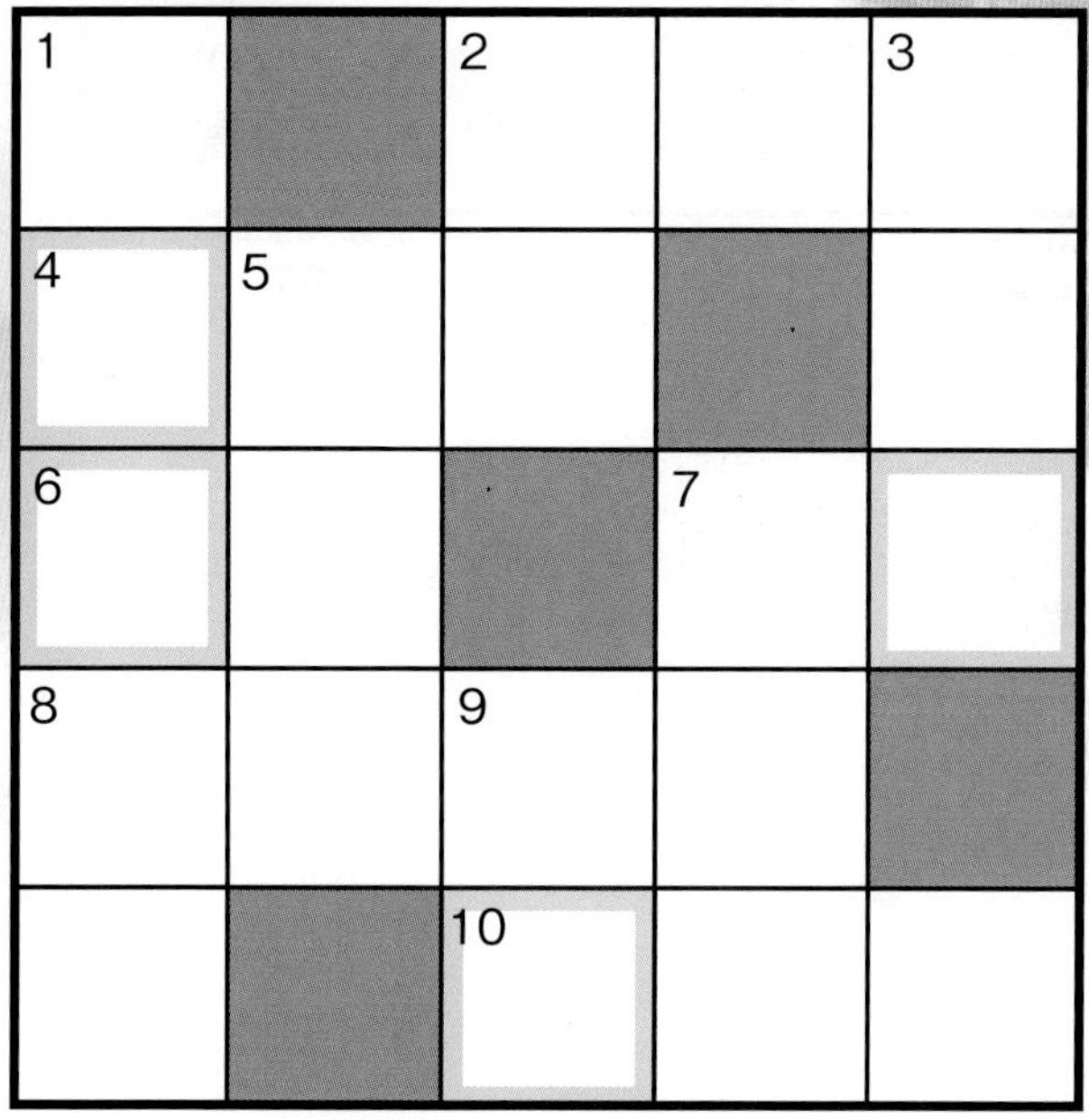

クイズに答えてプレゼントをもらっちゃおう!

クロスワードを解いて、　の文字を並べ替えてみよう。
どんな言葉になるかな?

■たて

1.身のためになる忠告は素直に聞きづらいという意味のことわざ。「○○○○○は口に苦し」
2.10億分の1を表す単位で記号は「n」。「○○テクノロジー」
3.木製や金属製の筒状の胴に皮を張った打楽器。ばちや手でたたいて音を出す。
5.秋の味覚として有名な魚。漢字で書くと「秋刀魚」。
7.自ら直接世話をして大切に育てることを表現した言葉。「○○○にかける」
9.「いま」を英語で言うと?

■よこ

2.千葉県にあり、日本で一番国際線旅客者数が多い空港は○○○国際空港。
4.歌集「みだれ髪」の著者として有名な日本の歌人・作家。「○○○晶子」
6.人の意思では変えられないめぐりあわせやはたらき。「○○が向いてくる」「○○を天にまかせる」
7.支点・力点・作用点があり、棒状のものを使って少ない力で重いものを動かすしくみ。「○○の原理」
8.ぶどう・桃の収穫量が日本一の中部地方にある県。県庁所在地は甲府市。
10.黄道十二星座のひとつで、2月19日から3月20日に生まれた人の誕生星座。

●9・10月号正解／どくしょ

編集室のつぶやき

▶大井車両基地に行ってきました。N700Aをはじめたくさんの新幹線が並んでいる光景は、まさに圧巻。ドクターイエローも見られたので、とても幸せな気持ちになりました。（TK）

▶印刷博物館の取材を通して、私の原稿が『サクセス12』の誌面になるまでの工程を知ることができました。デザイナーさん、印刷会社の皆さん、いつもありがとうございます！（TH）

▶今回取材させていただいた学校では稲作の実習があるそうで、これからまさに収穫期。自ら育てたお米はより一層美味しく感じるのだと思います。（YH）

▶先月からジムに通いはじめました。隣の人より速く走りたい、多く走りたい…！ライバルって自分を奮い立たせるために必要だなと感じました。（KO）

▶「秋田美人＝雪のように白い肌」というイメージがありますが、これは冬が長く日照時間が短いことが要因のひとつとなっているようです。（RS）

▶先日子どもから「ママは将来何になりたいの？」と聞かれ、答えに詰まりました。日本人の平均寿命は80歳以上。私にも将来はたくさんあるんだな…と考えさせられました。（TT）

▶運動が少し苦手な長男ですが、音読はとても上手。「」の感情の込め方はまるで舞台俳優のよう！子どもの「苦手」よりも「得意」をたくさんみつけてあげたいと思います。（MS）

プレゼント

正解者の中から抽選で以下の商品をプレゼント!!

A賞 DELDE ペンポーチ　5名様

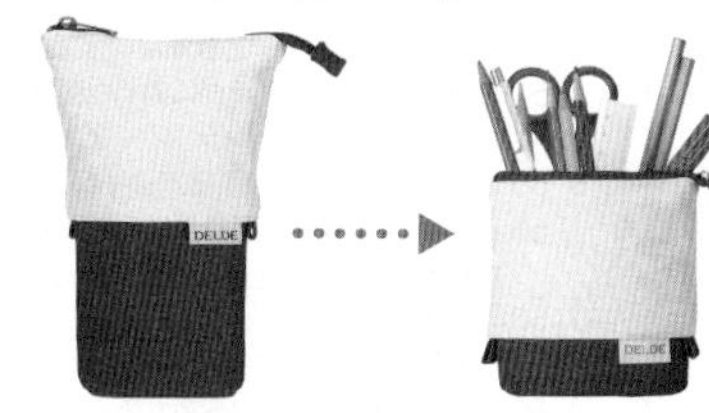

サイドのつまみを下げればそのままペンスタンドとして使えるペンポーチ。小さいままでも使えるので、使い方は自由自在！

B賞 タテヨコフセン　10名様

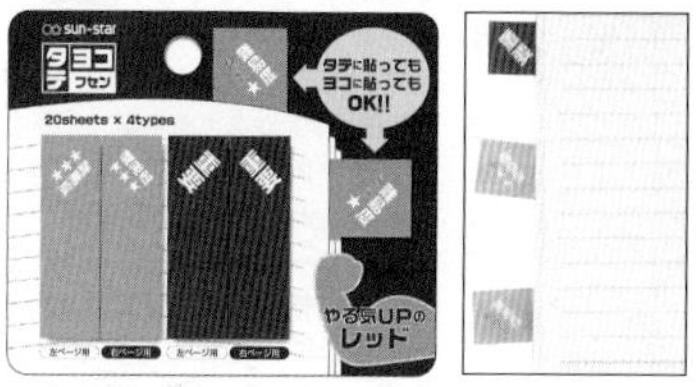

タテからもヨコからも読みやすい「タテヨコフセン」。問題集の重要箇所や設問の難易度チェックの目印に使ってください。

C賞 2色蛍光ペン（2本セット）　10名様

1本で2色の使い分けができる、2層構造の蛍光ペンを2本セットでプレゼント！

※デザインはイメージです。
※プレゼントの色は選べません。

応募方法

●FAX送信用紙で
裏面にあるFAX送信用紙に必要事項をご記入のうえ下記FAX番号にお送りください。
FAX.03-3590-3901

●バーコードリーダーで
スマートフォン・携帯電話で右の画像を読み取り、専用の入力フォームからお送りください。裏面のFAX送信用紙に記載されているアンケートにもお答えください。

●ハガキ・封書で
クイズの答えと希望賞品、住所、電話番号、氏名、学年、お通いの塾・校舎をご記入いただき、下記宛先までお送りください。また、裏面のFAX送信用紙に記載されているアンケートにもお答えください。サクセス12への感想もお待ちしています。
宛先／〒171-0014 東京都豊島区池袋2-53-7
早稲田アカデミー本社広告宣伝部　『サクセス12』編集室

【個人情報利用目的】ご記入いただいた個人情報は、プレゼントの発送およびアンケート調査の結果集計に利用させていただきます。

【応募〆切】2017年11月25日（土）必着

当選者の発表は、プレゼントの発送をもってかえさせていただきます。

サクセス12　11・12月号　vol.69

編集長
喜多　利文

編集スタッフ
細谷　朋子
服部　恭則
岡　清美
斉藤　留美
伊藤　博志
竹内　友恵
鈴木　麻利子

企画・編集・制作
株式会社 早稲田アカデミー
サクセス12編集室（早稲田アカデミー 内）
〒171-0014 東京都豊島区池袋2-53-7

FAX送信用紙

※封書での郵送時にもご使用ください。

クイズの答え					希望賞品（いずれかを選んで○をしてください） A賞 ・ B賞 ・ C賞

氏名（保護者様）	氏名（お子様）	学年

現在、塾に 通っている ・ 通っていない	通っている場合 塾名 （校舎名 ）

住所（〒 - ）	電話番号 （ ）

面白かった記事には○を、つまらなかった記事には×をそれぞれ3つずつ（ ）内にご記入ください。

FAX.03-3590-3901 FAX番号をお間違えのないようお確かめください

サクセス12の感想

パパママQ&A

Q1	お子様の宿題には目を通している。	［ YES ・ NO ］
Q2	お子様はテストの結果に一喜一憂する方である。	［ YES ・ NO ］
Q3	毎月決まったお小遣いをあげている。	［ YES ・ NO ］

中学受験 サクセス12 11・12月号2017
発行／2017年10月28日 初版第一刷発行 発行所／(株)グローバル教育出版 〒101-0047 東京都千代田区内神田2-4-2 編集／サクセス編集室 電話03-5939-7928 FAX03-5939-6014

【個人情報利用目的】ご記入いただいた個人情報は、プレゼントの発送およびアンケート調査の結果集計に利用させていただきます。